55個真人實事
回覆你最牽掛的16個問題

天堂沒有不快樂的毛小孩

THERE ARE NO SAD DOGS IN HEAVEN

Finding Comfort After the Loss of a Pet

BY
SONYA FITZPATRICK

桑妮亞．費茲派崔克 著
詹采妮 譯

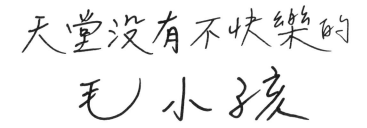

台灣名家推薦

「一看到書名，就想到我那隻活到十六歲、最後因爲四肢癱瘓而安樂死的摯愛，心中五味雜陳，我就是因爲牠才成爲動物溝通師的。雖然我並不像原作者是個靈媒，但是每次和離世動物接觸時，總會體驗到牠們那超凡的智慧與愛。在靈界的牠們，眞的跟我們想的很不一樣。這本書我是邊看邊哭，邊哭邊放下，眞的是一本値得好好咀嚼的書！」

——動物溝通師　狗男

「讀這本書時，眉心一直處在發熱緊縮的狀態。當然不是感應到什麼靈異事件，而是看著每篇和毛小孩相遇的故事，直到分開的那天，強烈的思念與捨不得，字字句句看得揪心。有時讀到一段落，還必須暫停一會兒平復心情……那是只有失去過親人，才懂得的痛苦。透過桑妮亞的分享，知道即使失去了家人，但牠們依然存在我們身邊、守護著我們，甚至如電影情節般的再續前緣。常聽人說，狗狗、貓貓去了彩虹的另一端，無病、無痛、很幸福，我相信！因爲動物們是無私的，只要你快樂，牠們也會同樣感到幸福。」

——《家有諧星貓，我是白吉》作者　張角倫（吉媽）

「這是一本溫暖又仁慈的書，會安慰很多憂傷的人，甚至淌血的心。作者說的種種，我不是沒有懷疑，只是寧願相信。既然她教人愛、教人寬恕、教人放手、教我們相信善良和喜樂，怎會寧願不相信？你相信有天堂嗎？常感到世上有很多事情我不懂，可能有生之年也不會明白，但漸漸覺得，也許『弄清楚』並不是必要的，重要的是我們選擇相信，抑或拒絕？如果關於愛，但願我們永遠有勇氣打開心門，去選擇相信。」

——《我愛陳明珠》作者 Emily

各界對本書的讚譽

「對正在哀悼動物家人的人而言，這是一本必讀之作……它撫慰人心又充滿慈悲……桑妮亞能帶領你理解靈魂的永生。」

——美國著名靈媒　約翰・愛德華（John Edward）

「如果你像我一樣有幸認識桑妮亞，相信我，天堂不會有傷心的狗。」

——美國知名演員　勞勃・韋納（Robert Wagner）

各界對桑妮亞的讚譽

「《寵物溝通師》*爲動物互動的世界，打開了一扇新的大門。」

——《太陽報》網站

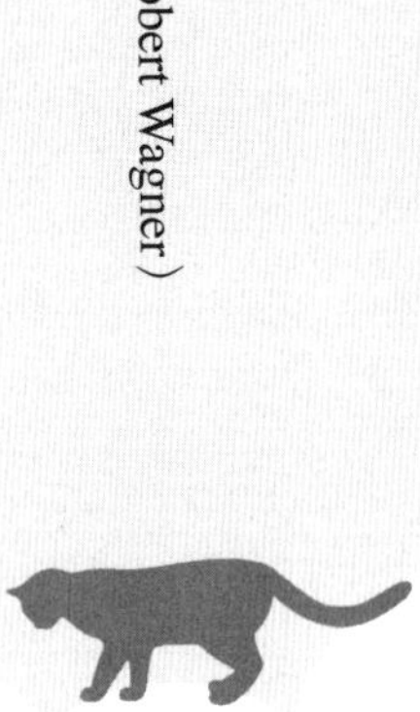

「用貓的觀點看世界。透過一則又一則的貓咪故事，桑妮亞揭露了對我們的貓同伴和貓朋友而言，什麼才是最重要的。」

——《聖路易郵訊報》

「現代的怪醫杜立德。」

——《華盛頓郵報》網站

「（她）有暢銷的神奇成分：寵物、超自然的閒聊，以及關於這一切的幽默感。是的，我著迷了。」

——《紐約郵報》

「如果你以爲通靈解讀只適用於人類，那你就錯了。英國出生的動物愛好者桑妮亞·費茲派崔克，不僅能在心靈上與寵物溝通，還爲經常感到挫折的飼主們，解釋了他們的困擾和疑惑。」

——CBS新聞

---

*《The Pet Psychic》，由桑妮亞主持的電視節目名稱，在「動物星球頻道」播出，獲得觀眾廣大迴響。

獻給我在靈界和物質界的所有動物，
你們帶給我極大的喜悅。

還在身體裡的狗狗：
莎莉、阿默、傑克、喬伊、來福和瑪姬

在靈界的狗狗：
崔比、莎賓娜、絲絲、布魯、貝拉、艾莉、
茱蒂、山姆、小狐、蜂蜜和荷莉

還在身體裡的貓咪：
陽光、波莉一號、波莉二號、茉莉、克萊兒、
蘿西、但丁和軟糖

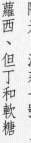

在靈界的貓咪：

肉桂、葡萄乾、小黑、月光、威靈頓、史默基、珍妮、農場貓、小虎、可可、邱吉爾、溫斯頓和維尼

還在身體裡的馬兒：

來福

在靈界的馬兒：

小黑和泡菜

我小時候養的鵝（在靈界）：

毛莨、小菊和櫻草

在靈界的雞：

韓莉艾塔、三葉草、道西和薯片

目錄

【推薦序】
關於生命，那些毛小孩教我的事

資深占星及塔羅課程講師、《藏在塔羅裡的占卜符碼》、
《奧修禪卡占卜書》作者　天空為限

二〇〇一年時，我正在為感情苦惱，也在為工作苦惱。事實上，我進入少女期後，就沒有不為感情苦惱過；出社會後，就沒有不為工作苦惱過。

但是這一切就像個轉不出來的漩渦一樣，狀況周而復始地發生，過了幾年，我仍舊覺得自己原地踏步。工作上吃不飽餓不死，感情上我正面臨答應要結婚後，過沒多久就越來越覺得自己不適合婚姻，從他家逃回我自己買的小套房的窘境，但我也還是下不了決心分手，因為他也沒犯什麼錯。

我在想著，結婚後一定會離婚，一定會的，因為我現在就不想結了。但我不結婚，我

又能做什麼？可是我結婚又離婚後，我又能做什麼？我如果不嫁給他，感情路上一向變化很快的我，又打算嫁給誰？嫁給別人是不是也一樣會離婚？表面上我看起來生活正常，實際上生命好像陷入一個低谷中的無限迴圈，怎麼走都沒有出路。

就在這個時候，我遇到我的第一隻貓——咕姬。牠是剛開眼、剛開始會爬行的小奶貓。在資訊不發達的當時，我很幸運地用了不恰當的方式，還是誤打誤撞把牠給養大了。

隨著養育牠的日子一天天過去，我的心慢慢定下來。說也奇怪，我那時有房貸要繳，工作動不動就辭職，長期飯票也不想要了，照道理來說，無論何時，都比那個時間點更適合養一隻貓。

但咕姬就這樣留下來了，不是經過頭腦選擇，而是自然發生的。我對貓一點興趣都沒有，看到牠時，嘆了一口氣，想說我把牠送到好像有種叫獸醫院的地方，了不起付醫藥費和住宿費，養到有人要爲止好了。不然，我總不能裝作沒看到吧？結果把牠抓起來，跟牠的眼睛一接觸，我就去籌備各種養貓的用品；再養了一個多月後，跟咕姬玩的當下，我才猛然想起：我一開始不是決定要把牠送到獸醫院裡再送人的嗎？爲什麼事隔一個多月，才又想起這回事？

我只能相信這是緣分。一開始，我以爲自己救了一隻棄貓，後來才發現是牠救了我。照顧咕姬的過程，就像生了小孩的母親，會將所有的愛都傾注在牠的身上。於是我體會到了，眞正的愛是給予，而不是索取。愛著，就夠幸福了。牠整天要吃要玩要纏著我，什麼都沒給我，但我覺得自己得到了全世界。

然後，我處理了我的感情事件，我本來老是嫌他不夠愛我，後來發現是我還沒有足夠的能力去愛人。我處理了我的工作事件，我終於發現我不適合當個上班族，一切就豁出去了；我妹妹問我：「你都還沒想清楚，就辭掉工作，那你餓死了怎麼辦？」我回答：「我已經準備好要餓死了。」

你可以說我不負責任，還有隻貓要養，怎麼就豁出去了呢？但實際上，我體認到自己不能再得過且過，生命有限，我要過我該過的日子，雖然我還沒想好要怎麼做。

隔年，我收養的第二隻貓AMANI，但牠不到一歲就過世了，我非常痛苦，有半年的時間笑不出來，因此接觸了奧修。而這個接觸，更進一步地把我帶到占星學和塔羅牌的路上，乃至我後來成爲了執業者。

二〇〇七年，六歲多的咕姬生病，我花費無數的金錢和時間，都無法換回牠的生命。在醫院裡，牠撐著等我，沒有斷氣。通常在離開的那一刻，動物眼睛裡的光會消散，失去神采，但咕姬一直到斷氣了好久，眼睛裡的那股光采都沒有消失。

我爲了幫咕姬治療，到牠死後爲了跟牠接觸，於是又從占卜、資料研究的路上，接觸了靈氣和靈療，這又把我從原來的路帶到另一條路上。

回頭一看，我人生中每個重大轉折，都是貓咪用牠們的生命帶給我的；我看《與神對話》、看《告別娑婆》，常常很羨慕神會去找他們，還常想說神都只找外國人……現在我知道，神也來找過我了，只是祂變成貓來教導我，這樣我才不會去看精神科吃藥解決，也不會懷疑自己有幻覺。神會用每個人需要的方式，來展現自己。

今年（二〇一五年）四月份，我十三歲半的貓咪小白也離開我了。就在牠的腫瘤轉移到呼吸道，讓牠痛苦至極時，我做了送牠走的決定。但這一次我除了傷心之外，並沒有那麼絕望，因爲我慢慢知道，死亡會帶給我們一些體悟，讓我們在人生路上一步步進化，直到最終我們再次見面的那天。

我對本書作者桑妮亞已久仰大名，如果在我第一次面臨貓咪死亡時，能夠遇上這樣的通靈人，或許，我痛苦的時間會縮得更短；也或許，得到的會更多；更或許，一切都是注定的，我當時沒遇到桑妮亞，是另有機緣。

總之，桑妮亞的著作出了中文版，我相信會有更多在痛苦中打轉的飼主，可以得到一點希望。有時，我們只需要這麼多，就足以幫助我們在絕望中看到一線曙光，走到另一番人生風景上。

【譯者序】

能爲你排難解憂，是本書的重點所在

我第一次知道桑妮亞這個人，是在二〇〇五年。當時家有二貓的我，很想學習動物溝通，於是透過網路搜尋認識了她。桑妮亞在搜尋結果頁上名列前茅，原因是二〇〇二年，美國動物星球頻道邀請她主持塊狀節目《The Pet Psychic》，令這位寵物靈媒聲名鵲起。七年後，台灣動物星球頻道終於引進該節目，並命名爲《寵物溝通師》。

桑妮亞出生於英國的小村莊。她自幼失聰，卻能與愛犬茱蒂和農場上的動物進行心靈溝通，並感應牠們的身體病痛。九歲時，父親送她三隻鵝，她和鵝成了好朋友，怎料九個月後，這些夥伴竟然成了耶誕大餐。這時她才明瞭，動物的語言並非人人能懂，因爲宰殺自己的談話對象並將牠吃下肚子，是件不可思議的事。

這個極大的震憾導致桑妮亞決心忽視溝通能力，其後數十年成了活躍於時尚舞台的模特兒，直到一九九一年移居美國德州才意外恢復了天賦本能，進而開始爲許多飼主提供諮商服務。只不過，透過電話和她溝通半小時的代價是三百美元，要一般人付出這種數目，恐怕必須考慮再三。

在得知桑妮亞的名號整整十年後，我成了她第一本中譯書籍的翻譯者。這期間，我母親過世，我接手了她在二〇〇〇年時親自接生的母貓咩咩，並陸續換了六個住處。如今，跟著我「顛沛流離」的三隻貓皆已超過十歲，其中年紀最大的咩咩在我交出譯稿時，正準備迎接牠十五歲的生日。

十五歲的貓，無論以什麼樣的方式進行換算，至少都相當於人類的七、八十歲。換句話說，咩咩已經是一位老太太了。儘管牠目前身體硬朗，直接跳上書桌也不顯吃力，但我們能彼此陪伴到什麼時候，其實誰也說不準。牠是我和老媽在世上僅有的連結，光是想到有天牠將結束貓生，我就忍不住一陣鼻酸。

二〇〇六年，剛成爲家中一份子的咩咩，經常被我離家後飼養的另一隻母貓小舞打得滿頭包。我擔心牠心靈受創，雖然很想向桑妮亞諮詢，但近萬元台幣的費用令人卻步，後來便請了一位具通靈體質的友人來家中開導。那天下午，一人一貓在廁所內展開對峙，十幾分鐘後，友人的手腕鮮血直流，在地毯上形成了兩圈豔紅。

被抓傷的友人說，咩咩與老媽同住時，和我有相同的困擾。研究中醫和命理的老媽交遊廣闊，家中天天訪客不斷，這些人不是求醫的病人、求算命的衰人，就是專程來切磋的五術界人士。我對深夜仍在家中高談闊論的陌生人相當反感，心裡老是升起離家的念頭，而無助的咩咩則是選擇躲在床下，圖個眼不見爲淨。

咩咩很「敏感」。友人強調，這些健康不佳、運勢不順、心術不正的人，多少在家裡留下了一些「壞東西」，這些壞東西時常騷擾、逗弄咩咩，讓牠長期以來夜不成眠。儘管我的租處很「乾淨」，但牠依舊神經緊繃，因此，友人建議我盡可能別製造可以躲藏的雜物堆，好讓牠可在開放空間中逐步恢復安全感。其後，咩咩果然開朗許多，在小舞挑釁時，也能適時地予以反擊。

這次的動物溝通初體驗，讓我越來越被這門技術所吸引，還爲此做足了功課，打算去國外參加工作坊。但基於種種理由，我始終未能成行。幾年後，台灣開始出現學費昂貴的相關課程，和不少以動物溝通爲業的職業溝通師。於是大約四年前，我首度帶了家中三貓的照片找X解讀。

X女士對小步和小舞在個性上的描述，離準確還有好一段距離。輪到咩咩時，我提及牠來到我家的前因後果，X立刻借題發揮地表示，「我感覺咩咩很想念一個人……嗯，應該就是你媽媽。牠很想見到你媽媽，恨不得馬上跟你媽媽團聚，所以，牠現在不過是在『等死』而已。」

X的話教人十分洩氣，回家的路上我忍不住哭了起來，更別提她還說小步很笨、腦袋不好了。這趟自取其辱的經驗讓我明白，不論一名「已開業的」寵物溝通師是否具備自己號稱的跨物種溝通能力，倘若欠缺諮商技巧和同理心，對已經憂心忡忡或焦慮到必須尋求專業協助的飼主而言，難保不會造成二度傷害。二〇一二年，我跟外籍老師上完兩階段的動物溝通課程後，更確信溝通師應該具備的絕不只是直覺溝通能力，還包括對形上學、心理學和動物行爲學的基本認識。

也因此，看到書中桑妮亞對各種動物習性的熟悉（她本來就在農場上長大的啊），對各個飼主的溫暖提醒和撫慰人心的話語，以及在能量療法上的諸多應用，我不免覺得：這才是專業寵物溝通師的風範啊！而且桑妮亞肯定不會對我說出上述那種傷人的話。

不過，就和所有的知名人物一樣，桑妮亞不是沒被懷疑論者攻擊過。有人批評她只是根據客戶提供的已知訊息進行預測而已；有人還認爲她常說客戶愛聽的話，簡直跟一般算命仙沒兩樣。可是讀完這本書，你將很難相信內容有虛假的成分，因爲它情眞意切，有時甚至帶了遠超出想像範疇的奇蹟色彩。我特別喜歡安吉在桑妮亞的提點下，爲母親尋回失蹤愛貓的故事。譯完那個段落時，我心中充滿了幸福感。

如果你曾經失去心愛的動物同伴，並因爲某些未解的遺憾而感到懊悔，那麼，這本書或多或少都能協助你走出陰霾。即使你對故事的眞實性存疑，也無損於它的療癒效果，因爲閱讀那些對話的本身就是一種啓發。我想起幾年前學習NLP時，老師經常提及的基本假設——有效比眞實重要。動物已死，溝通訊息的眞假我們無從得知，而這些訊息能不能協助讀者排難解憂，才是桑妮亞書寫的重點所在。

翻譯此書時，我經常因爲內容而感動落淚；譯完此書後，更不禁在腦海中描繪了一下桑妮亞可能會對我說的話：「你媽媽過來了。她很高興你把咩咩照顧得很好。她知道你擔心年事已高的咩咩遲早會離開，但咩咩屆時只是回到靈界的老家和她團聚而已。你媽媽說，『未來，我們都會在這裡團聚唷。』而在此之前，她承諾會經常過去探望你們。」是的，現在我是這麼相信著。

沉且，我很高興因爲這本書，而暫時又省下了三百美元。

【作者序】

艾莉返回靈界教我的事

我在英國的一座農場上長大，那裡沒有小孩可以陪我玩，嚴重的聽力損傷也使我難以與旁人溝通。或許是出於這些原因，我很小就能以多數人辦不到的方式與動物溝通。動物透過心靈感應交換訊息，憑藉的是不靠聽覺的心理圖像與身體感受，因此，農場上的動物便成了我最好的朋友。然而在友誼的喜悅之外，只要牠們其中之一慘遭屠宰或殺害，我便會感受到深深的痛苦與悲傷，而這在農場上是司空見慣的事。

目前我住在德州，房子有一座大花園，四周圍繞著各種貓狗。我幾乎每天都向預約電話解讀的客戶，及打電話到天狼星電台《動物直覺》（Animal Intuition）節目的聽眾保證，動物從我們的生活當中消逝之後，會繼續以「靈體」的形態存活，就和人類一樣。可是當我最心愛的動物之一離開我時，我依然和他們一樣感到心碎。

或許失去寵物時最深切的痛苦，是我在知道親愛的艾莉（一隻羅德西亞背脊犬）即將走到牠在地球上的生命盡頭時所感受到的。我當然愛我所有的動物，但艾莉和我似乎有一種特別深刻的靈魂連結。十三年來，我會在傷心時倚著艾莉的脖子哭泣，也會與牠分享我的喜悅和勝利；但現在我看得出來，牠的後腿越來越無力、越來越疼痛，然後有一天，牠忽然就病倒了。

和平日一樣，那天，我和艾莉及其他狗狗在我家附近的樹林裡散步。艾莉忽然側身倒地，站不起來。我癱坐在牠身旁，牠深深地注視著我的眼睛，我則是將牠的頭攬進懷裡。艾莉有近五十六公斤重，我知道自己無法抱著牠走八百公尺離開樹林再回到馬路上。

當時我眞的急到快瘋掉。我最不想做的事情就是把牠單獨留在那裡，可是我了解，如果我不趕快求援，牠會死掉。

我透過心靈感應告訴艾莉，我必須離開一下但保證會儘快回來時，我知道牠懂我的意思。於是我抱起兩隻小狗，叫第三隻跟著我，然後拚了命地拔腿狂奔。淚水從我的臉龐滑落，我懇求指導靈爲我送來必要的幫助。

當我從樹林裡出現時，路上有輛卡車奇蹟般地朝我駛來。我狂亂地揮手，上氣不接下氣地向駕駛解釋，我的狗倒在樹林裡，求求他幫我扛牠出來。看到我這麼焦急難過，他立刻說他就住在附近，然後催我回去找艾莉，他會回他的花園拿手推車，好讓我們把牠運回我的車上。

接著，我讓他帶走其他的狗，免得我還得擔心牠們。他駕車離開時，我火速跑回樹林。我可以感覺到艾莉還在身體裡，我一邊跑，一邊傳送心靈感應訊息給牠，懇求牠等我回去。當我坐在地上，再次把牠的頭攬進懷裡時，牠轉過頭來看著我。我把手放在牠的身上，請上帝和我的指導靈將療癒能量送進牠的身體，同時也讓牠知道，如果牠必須前往靈界，牠可以離開無妨。

這麼做對我而言相當痛苦，但我知道，由於我們的關係十分緊密，牠需要我的允許才會離開。當動物覺得自己必須留在身體裡時，牠們願意而且能夠忍受許多痛苦，只因爲牠們的人類同伴還沒準備好讓牠們離開。

那天，艾莉沒死，但我知道她來日無多。獸醫做了一些測試之後告訴我，牠罹患了愛迪生氏症（Addison's disease），這會導致腎上腺的緩慢惡化，而愛迪生危機（Addison's crisis）所引發的鉀離子過高，也導致了牠的心律不整和血壓下降。

由於愛迪生氏症的症狀並不明確，一般呈現出來的主要是虛弱或倦怠，因此，我一直認爲艾莉萎靡不振是年紀的關係。背脊犬的平均壽命是十歲左右，而艾莉已經十三歲了。

牠被吊上點滴，過三天我才能接牠回家。但牠還是相當虛弱，連我的床都跳不上來，那是牠跟我生活以來每天晚上睡覺的地方。於是我去買了我能找到最大的狗床，然後陪牠睡在地上，並用我的手臂摟著牠的背部。

我不斷用聲音和心靈感應向艾莉保證，這種事情也會發生在人類身上，而且我們總有生病的時候。牠顯然覺得很有意思，因爲牠調皮地用心靈感應問我，我有沒有發生過。當我告訴牠「還沒，不過有可能！」時，牠笑了起來。牠的身體或許虛弱，但牠的幽默感和意志力還是很堅強。

其後三天，我爲了引誘艾莉吃飯而絞盡腦汁——冰淇淋、嬰兒食品、起司、優格、雞肉泥和蔬菜，希望能協助牠恢復一些體力。然而，儘管我竭盡所能，牠一次仍吃不了幾口。

看牠病成這個樣子，也讓其他狗狗傷心不已。牠們知道牠快離開了，因此緊緊地貼著牠，爲即將來臨的失落而感到哀傷。

終於，第四天清晨我在牠身旁的地板上醒來時，發現牠呼吸急促。牠的身體發燙，我知道牠正經歷另一次愛迪生危機。我女兒和前夫就住在附近，他們立刻過來幫我把艾莉弄進車子裡，送去獸醫院急診。我爬進後座陪牠，一心只希望牠沒有痛苦。讓牠離開對我而言相當可怕，但我知道牠的時候到了，而且很快就會回到靈界。

獸醫在爲艾莉緩解症狀時，我把我的頭挨近牠的頭。我可以感覺到牠相當平靜。當醫生留下我和女兒艾瑪與牠獨處時，我看見一道美麗的白光環繞著我們。接著，艾莉開始透過心靈感應和我說話。

「我的時間快到了。」牠告訴我，「我很高興能離開身體，它已經無法再發揮作用了，但我會永遠陪著你。」牠在告訴我這些時，淚水從眼角滑下臉龐，滴到了我的手上。我以前從沒見過這種事情。接著，我感覺有股力量正離開牠的身體。牠把力量送給我們，好讓我們能承受牠去世的痛苦和悲傷。當艾瑪和我各將一隻手放在艾莉身上，並牽起另一隻手時，我們感覺到一股巨大的愛和平靜。艾莉是一個特別的靈魂，而且很有悟性，也十分清楚自己正踏上返回靈界的旅途。

艾莉告訴我，牠會永遠陪著我。接著，牠要求我離開，好讓牠能邁向死亡。我最後一次深深望向牠深褐色的眼睛，然後與牠吻別。我知道我的離開，是我能送給牠的最後一份善意。我知道牠希望我能開心，因爲牠將逐漸進入一個美麗的地方，而我知道我們的靈魂還會再見。儘管如此，對我而言，這絲毫無法減輕即將失去艾莉形體的痛苦。

當艾瑪和我回到家時，所有的動物都聚在門口迎接我們。我們擠在一起，直到下午三點半，大家都覺得艾莉離開了身體爲止。那一刻，牠的存在感非常強烈，房間裡充滿了靈性之光。在我的腦海裡，我可以看見過去我有幸與其共享人生的動物們，全都聚在彼岸圍繞著牠。

接著，電話響起，是獸醫打電話來通知我——艾莉走了。但我知道牠並未消失，牠正在身邊陪著我。我可以感覺牠躺在沙發上，頭靠著我的膝蓋休息，其他狗狗也自發性地往旁邊移動，好爲牠騰出我身旁的空間。

我說這個故事是基於兩個理由：一是爲了讓你知道，我完全能夠理解你在失去摯愛的動物同伴時，可能感受到的痛苦和悲傷，並且感同身受；二是爲了向你保證，你在靈界的寵物仍與你長相左右。

在接下來的章節中，你會讀到許多其他人的故事，他們都在我的協助下有了這種領悟。因此，我深切地希望你們能感受到同樣的安慰，甚至將這份撫慰帶給沉浸在悲傷中的你。正如我爲他們的問題提供解答一樣，我期待這些回覆也能解答你們的許多疑惑。

第 1 章

請問，
我的寵物現在在哪兒？

故事 1
狗

寶貝死後，去了哪裡？——不孤單的克里歐

克里歐才剛過世幾天而已，瑪姬一提到她備受寵愛的威爾斯柯基犬，眼淚便忍不住奪眶而出。她和我預約了電話解讀，在抽噎啜泣間，她斷斷續續地解釋，她感覺現在房子很空，但有時她又想像自己可以感受到克里歐在她膝上的重量，或是正在磨蹭她的腿。她擔心自己腦袋不正常。「克里歐現在在哪兒？」瑪姬低聲地問，「牠和其他的動物在一起嗎？動物死後，會有一個特別的地方可以去嗎？」她知道與克里歐共度的時光來日無多，已經有好一陣子了。牠度過了漫長而充實的一生，然後平靜地在瑪姬懷裡死去，但瑪姬仍無法安然面對牠的離世。她需要有人向她保證，被她從小養到大的狗兒正快樂地待在靈界，而且牠並不孤單。

這是多數人會問我的第一個問題，而我很高興能讓他們安下心來。克里歐幾乎立刻就過來了，我告訴瑪姬，我看得到牠——當然是在我的腦海裡。情況是：我會得到一個心理

圖像，大致就像如果我問你一個關於自由女神像的問題，你會馬上得到這座雕像的心理圖像一樣。克里歐給我看一隻有點破舊的綠色絨毛青蛙，牠身邊還圍繞著幾隻其他的動物和一群人。「喔，」瑪姬哭著說，「那是牠最心愛的玩具。牠玩了好幾年！我很高興牠並不孤單。牠很討厭被單獨留下。」

我向她保證克里歐並不孤單，牠也不是獨自一個。瑪姬沒有失去理智，克里歐持續出現在她的生活當中並非憑空想像。接著，我向她解釋，動物去的是和我們一樣的靈界。動物沒有個別的地方，一旦我們也進入靈界，我們的靈魂便會再次聚首。此外，你可以放心，你的動物絕不會孤伶伶地死去。通常會有另一個牠在地球或前世就已經認識、並早一步結束旅程的寵物或人，前來迎接牠。

瑪姬感到無比欣慰，她知道克里歐不僅仍能與她溝通，還被老朋友們團團圍繞。對每天和我談話的哀傷客戶而言，這是我能傳達最令人安心的訊息之一。

故事2

牛

放心吧，動物也會上天堂——去了好地方的紅木

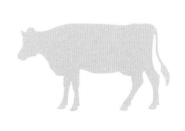

艾琳娜和她的女兒海瑟是忠實的動物愛好者。

艾琳娜的父親是酪農，他有九頭牛和兩隻山羊——西西和薩迪。他過世時，艾琳娜向牛保證絕不會讓牠們被宰殺。她在離最近的鎮上有好幾英里的鄉下找到一間小房子，地有六畝大，面積足夠讓她養牛。但不幸的是，房子已經廢棄多年，在她購入時顯得年久失修。艾琳娜不再年輕，就體力與成本而言，持續維護有其難度。

儘管如此，她仍勞心勞力，直到有一天，她在牧場上餵牛吃牠們最愛的美食香蕉時，其中一頭牛不小心撞上她，還把她給撞倒在地爲止。艾琳娜使勁讓自己站起來，最後總算回到屋內打電話給女兒。海瑟自然是既沮喪又十分擔心。她告訴艾琳娜，她眞的不能繼續在那兒獨居，那實在是太孤立無援、太危險了。

但在替牛兒們找到好歸宿之前，艾琳娜是不會離開的。艾琳娜和海瑟都是我的長期客戶，因此當她來電時，我說我會看看能怎麼幫她。我打電話給另一位客戶，她有一座養了許多動物的大型牧場。她說她無法接手那些牛，但或許知道誰可以養。幾天後，她打電話告訴我一個電話號碼，說是有個在她附近經營牧場的朋友願意接手那些牛。我開心地向艾琳娜轉達這個好消息，但她並不領情。她認爲那座牧場太遠了，遠到她無法前往探望那些牛，因此我說我會再去找找看。

一星期後，我與我的朋友丹和海倫在外頭吃飯，我心想，「好吧，不問永遠不知道，我還是問問看好了。」於是我解釋了艾琳娜的困境，海倫立刻說，和丹一起開業行醫的合夥人克里夫有很多地，而且一直在救援動物，他也許會收留那些牛。我簡直不敢相信。才兩個星期，我就替九頭牛找到了兩個住處。幫牛找家，似乎比幫貓、狗找家還要容易。

搬家的日子終於到了。當牧人把牛隻弄進拖車時，艾琳娜斷然拒絕讓他們戳刺動物。她拿著一根大棍子，斬釘截鐵地告訴那些傢伙，要是他們戳了她的牛，她一定會反戳回去。「有話好好講嘛，」她說，「牠們會懂的。牠們非常聰明。」

事情一邊進行，我一邊和艾琳娜講電話。我調整頻率接收牛的訊息，然後用心靈感應的方式解釋說，牠們會去一個很漂亮的新地方，那裡的人會好好地照顧牠們，艾琳娜也會時常過去探望牠們。

牛兒們來到一座美麗的牧場，牠們跟我說，牠們很喜歡這趟旅程。牠們的新任照顧者養了鴨子、鵝、海龜、馬、大腹便便的豬，甚至還有羊駝，而且全部都是救回來的。不過，他們也繁殖和屠殺自己放養的牛，這令艾琳娜憂心忡忡。

我了解她的感受，可是我說，「艾琳娜，那只是他們的生活方式而已。他們是肉食者，但你的牛不會被宰殺。」

牛隻在新居安頓了下來，牠們很喜歡自己的新家。艾琳娜和我預約了每月一次的電話時段，好讓我可以和牠們溝通。過了一會兒，我覺得其中一隻牛紅木有膀胱問題。動物生病時，我可以在自己的身上感應到牠們生病或不舒服的位置。

艾琳娜打了電話給獸醫，檢查完紅木之後，他告訴艾琳娜，牠在受苦，牠的時候到了。我從另一頭牛的靈體那兒得到一個心理圖像，牠曾是艾琳娜的牛，但幾年前過世了，現在，牠來接紅木過去。我知道紅木看得見牠。我向艾琳娜解釋這點時，她覺得好些了。

管理牧場的賴瑞和約翰，在牧地上替紅木挖了墳墓，隔天，獸醫就過來爲牠安樂死。紅木平靜地看待自己的死亡，因爲我已經向牠解釋過牠會回到靈界。我說，身體只是我們在地球上旅行時的交通工具而已，當肉體消逝時，大家都會回到靈界的家，我們會與前世今生結識和深愛的親友們再次聚首。我告訴牠，牠會回去和這輩子和前幾輩子不當牛時認識的所有朋友在一起，牠會脫離痛苦並充滿喜樂。牠非常平靜，牧場上的其他牛隻也是如此。

後來，牠們聚在墳墓旁爲紅木進行了小小的悼念儀式。那些牛隻十分悲傷，因爲牠們想念紅木的形體。但我再次向牠們解釋，雖然我們會在這個「家」待上一段時日，但之後我們都會去一個特別的地方，那裡唯有平靜和愛，沒有任何痛苦。牠們還是很傷心，但賴瑞和約翰在爲紅木的墳墓填土時，牠們全都站在那兒，隨後才默默地離開。

艾琳娜表示，這是美好的一刻，她知道牛兒們明白紅木去了一個好地方，而且處於平靜的狀態。

現在，每當我爲艾琳娜進行解讀時，紅木都會過來。牠會告訴我，牧場上其他牛隻的一切，並將我的訊息轉達給牠們。牠們知道紅木就在身邊，因爲牠們能感覺到牠的存在。艾琳娜正考慮在克里夫的土地上放一台拖車式的活動小屋，這樣，她才能每次都和她的牛朋友們相處幾天。

我一直覺得很幸運，因爲我認識好多爲了幫助動物而奉獻心力的人，他們知道所有的動物都有靈魂和意識。

故事3

貓

我們和寵物都會在靈界相聚——被抱在懷裡的海蒂

珍打電話給我，因爲她十歲的貓咪海蒂被車撞了，而且當場死亡。珍不僅失去家人，也感到十分內疚，因爲她認爲這是自己的錯。她有三隻貓，她告訴我，她早上總會放牠們出去溜達，然後在外出上班前叫牠們回來。然而這個早晨，她呼喚時，海蒂沒有回來。珍在趕時間，那天天氣又很好，她認定海蒂應該不會有事。不過，海蒂顯然在試圖過馬路時，被車子輾斃了。

悲痛的不止珍而已，她剩下的兩隻貓薑薑和威士忌，也感到十分難過與困惑。牠們很哀傷，因爲牠們可以感覺到海蒂就在身邊，卻看不見牠的形體。我向牠們解釋，牠「已經回家了」——回到我們離開肉體時會去的地方。但即使海蒂的形體不復存在，牠依然陪著牠們。牠們告訴我，牠們的媽媽非常傷心，牠們也是。

接著，我向珍解釋，她沒道理爲了海蒂的死而感到愧疚。我告訴她，海蒂的時候到了，無論她做什麼都無法改變這個情況。

在講述這些時，我感覺海蒂過來了，而隨著牠的逼近，我可以看見有人抱著牠。「珍，」我說，「有個女人抱著海蒂。她過世時差不多六十幾歲，她告訴我，她與你十分親近。」珍表示，她母親在六十幾歲時過世。

我告訴她，她母親說：「從你的懷裡到我的懷裡。」

珍還在哭泣，可是她說，「喔，桑妮亞，這讓我好開心，因爲海蒂是我媽的貓，媽媽過世後，我才把牠帶回來養。現在，她們又團聚了。」

這時，我看見珍的母親身旁還有一隻薑黃色的貓，珍告訴我，她養了那隻貓好多年。還有一隻死於腎衰竭的黑白貓，珍則表示，那是她小時候養的。那隻貓說，牠把自己所知關於動物的一切都教給了珍，珍認爲牠說的沒錯。

「牠確實如此，」珍說，「我是因爲牠，才愛上貓咪的。」

「嗯，」我說，「你應該知道，牠們晚上都會過來睡在你的床上。你的床擠得滿滿的。你活著的貓，知道其他貓咪也在那兒。」

此時，珍的母親又回來要我告訴她的女兒，她的沙發看起來挺不賴的。最近剛翻修沙發的珍，聽了之後驚訝不已。

「沙發看起來好多了。」她母親接著說，「珍每天早上都會坐在沙發上喝咖啡。請告訴她，她坐在那裡的時候，我會去看她，我會把貓也帶著。」

珍一時之間又哭又笑。「請告訴她，我太高興了。」她說，「我一直相信人不只是死掉而已，我常常覺得媽媽就在我身邊。以後我每天早上都會和貓咪們坐在那張沙發上，每天晚上熄燈前，我也會做同樣的事。」

故事4

狗

離世的寵物是我們的守護天使——充滿了愛的巴克

湯姆打電話到我的電台節目來，他是一名長途卡車司機。事實上，我發現我接到許多卡車司機的來電，他們會在路上待很久，所以通常會把狗也帶在身邊。

湯姆告訴我，他的狗狗羅西在卡車上陪著他，但他想知道我能不能聯繫上他小時候養的另一隻狗的靈體。我告訴他，我會試試看，而且動物通常會爲了我而過來。接著，我立刻看到一隻體型中等的棕色狗兒，胸前有一大塊白色的斑點。「就是牠！」湯姆說。我可以聽見他聲音裡的興奮之情。「那是我的巴克。牠在那裡過得如何？」

「嗯，」我說，「和所有的動物一樣，巴克很平靜又充滿了愛，而且還是跟你住在一起。」

湯姆的聲音隨即哽咽了起來，他說，「請告訴巴克，我活著的每一天都想到牠。牠過

世那年，我十四歲。小時候，牠是唯一給過我愛的對象。」

「唔，湯姆，」我說，「巴克告訴我，牠每天都在你的身邊，不曾離去。現在，牠也在卡車上陪著你。聖靈（spirit）將牠帶進你的生活，過去有好幾世，牠一直以動物和人類的形體與你共處。還有，你前世也曾經是狗，你以前就一直和牠在一起。」

「謝謝你告訴我這些，桑妮亞。」湯姆說，「我希望我們過去幾世的生活，比這一世來得好。」接著，他說，「請告訴巴克，謝謝所有牠給過我的愛。當時，牠在很多情況下爲我舔拭傷口，撫慰我的傷痛。牠是我的全世界，牠拯救了我。如果沒有牠，很多時候我不認爲自己撐得下去。但想到牠得過著沒有我的生活，我就決定要繼續撐下去。」

光是聽湯姆這麼說，便幾乎令我心碎。湯姆的某個部分深深打動了我，我要他用電子郵件把電話號碼寄給我，好讓我們能私下談談。

當他按我們排定的解讀時間來電時，他既興奮又心懷感激。他說，他前一晚根本睡不著，能和我進行這次解讀，對他而言彷彿是美夢成眞。於是我告訴他，我會與羅西談談。

「牠很快樂滿足。」我說，「牠問我是不是狗。我告訴牠，我現在是狗，但我也是人。我告訴牠，動物教過我牠們的語言，我小時候聽不見大家說話，因爲我是聾人，不過我總是能聽見動物說話，而且我寧可和動物說話。」

接著，羅西告訴我，牠和湯姆的生活有多麼快樂，以及湯姆在牠即將被安樂死之前，把牠從收容所裡救了出來。「沒錯！」他說，「我走進收容所，要求他們給我看即將被安樂死的狗。我好想把牠們全都帶走。這眞是令人心碎！但這隻狗兒走到我面前舔我的手，我知道牠就是我要的狗。」

「羅西告訴我，牠愛極了漢堡和魚。」我說，「你停在那些地方買垃圾食物時，牠總是和你分著吃。牠和你一起睡在車裡那條棕色的毯子上。牠還說，你從不曾把牠單獨留下。」

「完全正確。」湯姆說，「打從我養牠的那天開始，我就永遠不會離開牠。」

「嗯，」我說，「牠眞的過得很開心。」

「這也讓我很高興又欣慰，」湯姆說，「請告訴羅西這一點。」

接著，我看到巴克又過來了。「湯姆，」我說，「巴克在這兒，牠正在和我說話。」我可以感覺到牠是個非常特別的靈魂，牠告訴我，牠從靈界被送進湯姆的生活，目的是成爲他的天使，並從旁協助他。我可以從湯姆身上，感覺到他兒時承受過的苦難與混亂。然而，我說，「湯姆，巴克告訴我，你和牠常去一間店，就在你住的鎮上。」湯姆說，「對，我替那個店長工作過，他人很親切。有時我和巴克在家裡沒吃飽，他還會好心的給我們食物。」

巴克還告訴我，有時湯姆會被迫睡在穀倉裡，而巴克會陪他睡在那兒，舔他的臉。

「牠確實會這麼做，」湯姆說，「牠就像在親我一樣，我們經常互相取暖。」

我知道他有過悲慘的童年，於是我說，「你知道嗎？湯姆，我們絕不只是一具身軀而已。」

「現在我知道了，」湯姆說，「但身爲一個小孩，你當時並不了解這些。我不曾從家人身上學會任何關於愛的事情。當我發現巴克時，牠成了我的家人，是牠教會我如何去愛。」我可以透過電話線感受到這股愛的能量，我只能說，巴克把他教得很好。

「嗯，湯姆，」我說，「有時我們有特殊的連結，是因爲前世我們的靈魂曾在一起。巴克要你知道，牠每晚仍睡在你的床上照顧你。牠仍是你的守護天使，不離不棄。」湯姆說他知道，他可以感覺得到。

故事5 狗

動物當然有佛性——會靜心冥想的傑克

傑夫是一名專業的自行車手，甚至參加過環法自行車賽。他和妻子愛蜜莉都是佛教徒，會定期地靜心冥想。我和他交談過許多次，因爲他和愛蜜莉養了兩隻備受寵愛的背脊犬。一開始，非洲人養背脊犬是爲了與獅子搏鬥，牠們極度頑強，不輕易屈服，以致很多是單純死於不肯放棄打鬥。背脊犬忠心耿耿，又很會保護家人。除非意識到危險，否則牠們不會隨意吠叫，而且你永遠可以信任牠們的直覺。但牠們也很愛奢侈品，你經常可以發現牠們懶洋洋地躺在你的床上，或是那張最舒服的沙發上頭。

我自己就養過不少背脊犬，所以很了解牠們的性情，牠們在我心裡占了一個很特別的位置。每次我帶其中一隻去看獸醫時，牠都會跳上椅子，臀部一動也不動地坐著，然後把腳放在前面，像個人似的。不用說，這舉動總會惹來候診室裡的其他人大笑一場。牠也跟著我們一起坐上餐桌，我們還會把牠加進對話裡面。傑夫告訴我，他的背脊犬是人，我也同意我認識的背脊犬沒有一隻認爲自己是狗。

傑夫經常在住家附近的鄉間騎自行車。有一天，他沿著一條鄉間小徑騎車時，有兩隻狗從院子裡跑了出來，其中一隻把他撞倒在地上。幸運的是他沒有受傷，但他起身時，對向車道有輛高速行駛的卡車撞上了其中一隻狗。另一隻狗逃回家裡，卡車司機卻只是繼續上路，並未下車察看。傑夫走向那隻受傷的狗，看見牠傷得頗重，而且似乎有部分背脊犬的血統。他不知道自己該怎麼做，便先將狗兒抱到路邊，免得牠又被撞上。接著，他走回那間狗兒們跑出來的房子，告知狗主人剛才發生的事。

他敲了敲門，有個女人應聲。傑夫告訴她事發經過，說那隻狗必須去看獸醫，因爲牠受了重傷。「我會處理。」她說，然後當著他的面關上大門。

傑夫只好走回去陪狗一起等，但十五分鐘後，那女人還是沒出現，他只好又回去敲門。

這次，她不僅不開門，甚至還對他大吼：「少管閒事，滾出我的房產。我沒錢給牠看獸醫。牠跑到路上是牠的錯！」

於是傑夫又走回那隻狗的身邊，這回他用手機打電話給妻子，請她把小貨車開過來，順便再帶條毯子，因爲有一隻狗受傷了，他們得帶牠去看獸醫。接著，他打電話給一位恰巧是獸醫的朋友，說他會帶一隻受傷的狗過去。當愛蜜莉趕到時，他們兩人合力把那隻狗和傑夫的自行車都抬上貨車。正要駕車離開時，傑夫看見一名男子背著獵槍走出那間狗兒居住的房子。傑夫知道男子打算射殺那隻狗，所幸他們已經上了車並駛離那條馬路。他擔心其他狗狗也會遭遇不測，但那一刻他知道自己什麼也做不了。受傷的狗才是最該擔心的事。

獸醫檢查了那隻狗，並告訴傑夫和愛蜜莉，牠的腿骨全碎無法救治，那條腿必須截肢。傑夫和愛蜜莉爲此感到十分沮喪，但獸醫向他們保證，這隻狗還年輕，才兩歲左右，體力充沛，而且一旦牠痊癒了，用三條腿也能跑得和他們其他的狗狗一樣快。不過，獸醫說，「我也能讓牠安樂死，如果你們希望我這麼做的話。」

傑夫和愛蜜莉請他動手術，獸醫表示，既然要手術，他想順便替狗狗結紮並植入晶片。一如獸醫的預期，那隻狗恢復得很好。傑夫和愛蜜莉將牠取名爲傑克，並帶牠回家。

這是傑克初次擁有一個愛牠、照顧牠的家，牠和其他狗狗也相處得很融洽。正如獸醫所料，短短幾個月內，牠用三條腿就能表現得和其他有四條腿的狗兒一樣好。但傑夫和愛蜜莉還是忍不住擔心另一隻被留下來的狗。

有一天，他們把傑克放在小貨車的後座並開往鄉間。他們在行經那間傑克曾居住過的房子時，其他狗兒一如往常地跑出來開始追車。傑夫緩緩地開了大約一點六公里的路，有隻狗仍跟在後頭跑著。此時，傑夫停好車子，打開後座，用牽繩將傑克領出車外。兩隻狗兒馬上就認出彼此，並開心地團聚。

傑夫把牠們帶上貨車，然後立刻開車去找獸醫，打算給牠檢查身體並爲牠結紮。他們當然知道，在法律上，他們算是綁架了第二隻狗，但傑夫和愛蜜莉始終將自己的所作所爲看成是在進行救援。

多年來，傑夫和愛蜜莉持續打電話給我。他們對所有的狗兒盡心盡力，而且知道他們曾經共度過好幾輩子。他們每天和狗狗一起靜心冥想，這種習慣在東方文化裡並不罕見，而狗，作爲一種形而上的生物，似乎可以理解這種習慣。

傑克因爲愛迪生氏症而病入膏肓的時候終於到了，傑夫和愛蜜莉明白牠有可能必須離開。傑克自己也清楚這一點，這是狗的天性。而由於傑夫和愛蜜莉在靈性上有十足的發展，因此他們告訴我，當傑克的靈魂回到靈界時，他們將爲牠感到高興。傑夫要我告訴牠，他們每天靜心冥想時都會和牠見面，並爲牠感到喜悅。

傑克很輕易地便離開了身體。當傑夫和愛蜜莉爲了和牠說話而找我預約解讀時，傑克告訴我，牠一直待在家裡陪伴傑夫和愛蜜莉，而且牠過世時，他們也一直對牠說話。牠說牠感覺不到絲毫恐懼。牠可以聽見他們在對牠說話，牠要我告訴他們，能與他們共度此生有多麼幸福。

接著，我可以感覺到其他狗狗的存在，我知道牠們平靜地接受了傑克的死亡。由於愛蜜莉和傑夫了悟佛法，因此來到他們生命中的動物也充滿了佛性。牠們知道傑克在靈界很快樂，而且一直與牠們長相左右。

第 **2** 章

我的寵物快樂嗎？
牠想念我嗎？
牠現在在做什麼？

故事 6

狗

你的寶貝去了一個快樂的地方——不再感到焦慮的糖糖

茱莉之所以這麼難以克服她的長期伴侶——貴賓狗糖糖的死亡，是因爲糖糖一直有嚴重的分離焦慮。「我離開時，牠總是變得很沮喪，」茱莉說，「想到牠有個瞬間甚至懷疑我會不會回來，便令我心碎不已。我總是告訴牠，我要去哪兒、幾點回來，我知道牠明白我的意思。牠非常聰明，什麼都懂，但牠就是忍不住要擔心。每次我回到家，牠都會在我面前飛快地轉圈圈，好像牠無法控制自己的欣喜，而且很驚訝我居然會遵守諾言似的。現在牠走了，我終於了解牠的感受。我好想牠，我不相信牠沒有想我。只是我必須知道，不管牠在哪裡，牠究竟過得快不快樂。」

茱莉和我講電話時，我可以在腦海裡看見糖糖一直待在她的身邊。我看得見牠那張調皮的小臉，也聽得到牠的笑聲。

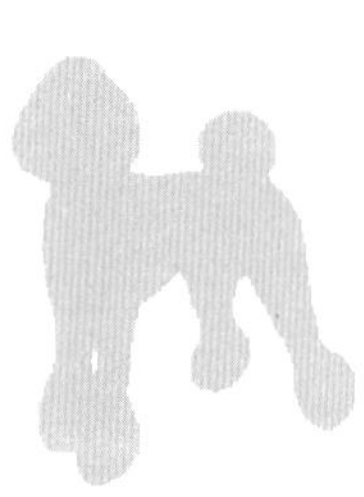

「茱莉不知道我現在一直在她身邊嗎？」糖糖問道，「她把我單獨留在家裡時，我確實很想她，但我現在可以跟著她去任何地方，所以我不需再有那種焦慮，而且我永遠不會感到孤單了。請讓她知道我很快樂，我希望她也能開心。告訴她，她想要的話，隨時可以和我說話。她一想起我，我馬上就會出現！」

我向茱莉轉達糖糖的訊息時，她突然淚流滿面，但那是交織著歡喜與欣慰的淚水。我希望人人都能了解，我們的動物在靈界永遠是快樂的。那是一個沒有悲傷、沒有孤獨、也沒有恐懼的地方。牠們並不需要想念我們，因爲即使形體不復存在，牠們仍會繼續留在我們的身邊。牠們想要時，隨時都能來找我們，甚至在床上的老位置陪著我們一起入睡。如果讓牠們知道我們的思念，牠們便會過來給我們一個自己在場的徵兆。有時，牠們甚至會到夢裡拜訪我們，而我們只要敞開心房接受牠們的存在即可。在許多情形下，牠們還會投胎到另一個身體裡，以便和我們再次聚首。

故事 7
馬

想念你的寶貝時，你就會看到牠——跟著校車慢跑的葛拉漢

我的外孫女愛蜜莉擁有和我一樣的天賦，她還不會說話時，就已經能跟動物溝通了。十歲那年，她一心想上馬術課。我一位好友的女兒寇特妮剛開了一間馬廄，我送愛蜜莉去上她的課，當作是生日禮物。愛蜜莉騎的第一匹馬叫葛拉漢。牠是一匹俊美又相當可靠的老馬，很喜歡讓孩子們騎牠。愛蜜莉在馬鞍上非常自在，而且能透過心靈感應與葛拉漢溝通。

愛蜜莉告訴我，她知道自己曾與葛拉漢共度過另一段人生，而牠也知道這一點。「我騎著牠時，」她說，「我看得出來牠有多麼高興。牠告訴我，牠很喜歡牠做的事。牠是一匹這麼高大的馬，性情卻十分溫和，我和牠在一起總是充滿了安全感。牠告訴我，牠會照顧所有騎著牠的小孩子。」

愛蜜莉週五晚上總是和我一起，但某個週五她到我家時，顯得相當心煩沮喪。「外婆，葛拉漢不太舒服，」她說，「牠不吃東西。請告訴牠，牠必須吃飯。我跟牠說，牠非吃點東西不可，但我覺得牠不想吃。牠不餓。」

我一調整頻率接收葛拉漢的訊息，就看出事情很不對勁。我向愛蜜莉解釋，牠老了，有一天牠會離開。

「你覺得現在就會發生嗎，外婆？」她問我。

「我不知道，」我說，「但如果牠沒有好轉，時候又到了，牠就會回到靈界。你知道牠會去那裡，而且你知道牠在那裡將會非常快樂。」

我還解釋說，葛拉漢不想吃東西是因爲身體不舒服，如果一匹馬不想吃東西，你沒辦法勉強牠吃。有時，人生病了也會不想吃東西，這方面，動物與人類十分相似。

幾個星期後，葛拉漢過世了。愛蜜莉傷心欲絕，她告訴我，她非常想念牠。「我知道葛拉漢回靈界的家了，我覺得牠很開心，」她說，「可是我眞的很想牠。」

我提醒愛蜜莉，她想要的話，隨時可以和葛拉漢說話，因爲動物在靈界時，和牠們有形體時一樣，都是以心靈感應的方式進行溝通。「有時，」我說，「我和客戶說話並接收某隻動物的訊息時，不太能確定牠是在靈界還是在這裡，因爲牠們仍在身邊，仍在說話，所以要知道牠們是打哪兒來的，並不容易。」

「我正學著去過沒有葛拉漢形體的生活，」愛蜜莉說，「而且我會和牠說話，外婆。我確實有這些幸福的感覺，也確實覺得牠現在很平靜，並且脫離了痛苦。」

「嗯，你知道的，靈界就是如此。」我說。愛蜜莉同意自己也是這麼認爲的。

幾個星期後，愛蜜莉突然開心地跑進我家。「外婆，」她幾乎是用喊的，「我今天搭校車時往窗外看，你猜我看到了什麼？」我笑了，因爲我完全知道她看到了什麼。「是葛拉漢！我往窗外看，牠就在那裡，跟在校車的旁邊慢跑。牠讓我知道牠還在我的身邊，而且牠看起來好美！牠的四周有一圈白光，失去牠的痛苦就這麼消失了。我知道牠很快樂。我感覺得到。這讓我也非常開心。」

從那時起，愛蜜莉告訴我，她往校車的窗外看時，偶爾還是會看見葛拉漢。「並不是每一次都會，」她說，「但有時我會看到。」

故事 8 金剛鸚鵡

寵物讓家人間的誤解得到寬恕——帶來好結果的瑞特和史嘉蕾

大衛和約翰住在紐約市的一間寬敞閣樓裡，他們爲了替兩隻金剛鸚鵡瑞特和史嘉蕾，提供最舒適的環境，費盡心思地改造了住處，讓鳥兒可以在公寓裡四處飛翔。大衛和約翰還裝設鞦韆，栽種尤加利樹，並打造了一座迷你瀑布，使環境盡可能對鳥類友善。他們還把大露台的一部分圍了起來，讓瑞特和史嘉蕾可以在天氣夠暖和時飛到外面去。大衛和約翰不去度假，因爲他們不想離開鳥兒。而且他們還在遺囑裡寫明，要把閣樓和鳥兒留給約翰的侄子。

大衛和約翰跟我預約了時段，因爲他們注意到瑞特有時會顯得無精打采。他們擔心牠的健康，希望我能找出牠不對勁的地方。當我調整頻率接收兩隻鳥兒的訊息時，牠們都很想說話，也很想告訴我所有生活上的大小事。牠們告訴我，大衛和約翰還有一隻名叫邦妮的小狗，牠們都很喜歡牠。史嘉蕾告訴我，牠爸爸常放某位知名歌手的音樂，他們說那是艾爾頓．強，但牠說牠覺得狗吠還好聽一些。兩隻鳥兒還跟我說，牠們都有個名人的名字，牠們爲此感到相當自豪。但是，牠們並不喜歡酸葡萄。牠們要我告訴牠們的爸爸，拜託先嚐過葡萄，因爲牠們會把酸的扔在地上，而那些葡萄連狗都不想吃。

最後，瑞特告訴我，反正牠吃得不多，因爲牠不太舒服。我感覺有某種東西影響了我的鼻子，於是我問約翰和大衛，他們用的是哪一種清潔產品。他們表示，他們僱用專業的清潔公司，事實上，當清潔人員完成工作時，他們還聞得到那股化學味。「不幸的是，」我說，「那些化學物質有毒，尤其對小動物而言。不過……」我補充道，「我認爲還有別的原因。」

此時，鳥兒們傳送了一張新地毯的心理圖像給我。「約翰，」我說，「你剛鋪了新地毯，是嗎？它是怎麼固定的？」結果是，他們最近在閣樓上上下下鋪滿了劍麻地毯，還用某種黏膠固定。他們承認，有一個星期左右味道難聞得要命，尤其當時是冬天，他們無法打開窗戶。後來氣味散去，他們也就忘了這回事。「但這眞的是最後一根稻草，」我說，

「瑞特和史嘉蕾小小的身體，吸收不了這麼多毒素。我的身體感應到牠們病得不輕，可能遠超過你們認爲的。你眞的得儘快帶牠們去看獸醫，因爲接下來會發生的事情是，牠們想飛，但飛不起來。」

「喔，桑妮亞，」大衛說，「這已經發生在瑞特身上了。」

我聽到時，眞的很擔心爲時已晚。事實上，他們大約一個月後才來電告訴我，他們把鳥兒帶出公寓，但牠們都死了——瑞特先走一步，幾週後換成史嘉蕾。約翰和大衛傷透了心。爲了給羽毛孩子們美好的生活，他們以爲自己盡了全力，卻在不知不覺間促成了牠們的死亡。

我們在交談時，鳥兒們開始從靈界過來。我看得出來，牠們和一位很有魅力的女士在一起，我覺得她死於癌症。「喔，」約翰說，「那是我母親。她是大約五年前過世的。」

「嗯，」我告訴約翰，「她的肩膀上，一邊站著瑞特，另一邊站著史嘉蕾。我還看得出來，她十分雍容華貴。她穿著一件非常優雅的黑色禮服，」我告訴約翰，「而且還戴著珍珠項鍊。她在那裡相當快樂。」我看見鳥兒們有美麗的亮黃色和紅色羽毛，牠們站在她的肩膀上，感覺好搭。「我把牠們佩戴得很好，是吧？」她說。約翰笑了起來，「那是我媽沒錯，」他說，「她總是把自己打扮得很完美，頭髮梳得整整齊齊。」

「不過，為什麼我聽到別人在彈鋼琴呢？」我問。於是約翰告訴我，他母親曾是一位專業鋼琴師。

「好吧，」我說，「她告訴我，鳥兒們和她在一起，牠們都很快樂。她想讓你知道，無論你做什麼都無法避免這件事的發生，因為牠們在物質界的時間已經到了。」

約翰和大衛還是不懂為何鳥兒們非離開他們不可，因此我再次解釋，這件事情誰都沒有答案，包括我們人類在內。此時，我看見約翰的母親身邊多了一個男子，他告訴我，他是約翰的父親，他想讓約翰知道，他深感抱歉。「不過，」我對約翰說，「這和鳥兒無關，他是對別的事情感到歉仄不安。」

約翰接著解釋，當他告訴父母他是男同志時，他父親基本上已經和他斷絕了往來。

「嗯，」我說，「他現在對這件事情真的很歉疚，他想知道你會不會原諒他。」約翰說，如果他父親真的感到抱歉，他會原諒他。隨後他說，「這是鳥兒們的功勞。牠們帶我父親過來，又幫助我寬恕了他。非常謝謝你的費心！」

我告訴他，費心的不是我，是瑞特和史嘉蕾。我經常發現，某些悲劇的發生是有原因的。我們的動物不會白死，牠們往往能幫助我們。「嗯，」約翰笑著說，「我沒想到你也會和人類溝通！」我說，一旦把門打開，我永遠不知道誰會進來。然後我再次向他保證，鳥兒們在地球上的時間已經結束了，儘管這樣的事令人悲傷，但它也會帶來一些好的結果。

過了一段時日，我收到約翰和大衛的電子郵件，信裡說他們已經打電話給一家公司，要求他們對閣樓裡的化學毒物進行補救。一旦公寓取得了衛生證明，他們說，他們會再養兩隻鳥。我在閱讀這封電子郵件時，瑞特和史嘉蕾又過來了，牠們要我告訴牠們的父親，一旦他們養了鳥，牠們就會投胎進入牠們的身體。不消說，知道牠們會再回來，讓約翰和大衛既興奮又激動。

故事9

貓

離世的寵物重返人間——再次登場的瑪咪和艾克

吉娜的兩隻貓瑪咪和艾克，是同一窩出生的，牠們活到二十一歲，隨後在幾天之內相繼過世。牠們是嬌生慣養又備受寵愛的室內貓，日子過得稱心如意。牠們沒有任何眞正的健康問題，直到過世的前一年，才因爲年紀太大而得到關節炎。

艾克在睡夢中先走一步，瑪咪爲此悲痛不已。雖然牠感覺艾克就在身邊，但牠太想念艾克的形體，少了艾克，牠簡直活不下去。

吉娜和我預約解讀時，瑪咪讓我知道牠想和艾克在一起。牠知道自己年紀大了，而且已經做好了離開的準備。後來牠果然不吃不喝，才短短三天就過世了。

在那之後，吉娜預約了另一次解讀。這一次，吉娜十二歲那年過世的母親，抱著瑪咪和艾克過來了。她告訴吉娜，他們很高興能再次相聚，而且兩隻貓咪會在吉娜的有生之年

回來。吉娜問我，這眞的有可能嗎？當然，我向她保證確實可能。

接著，她母親告訴我，吉娜戴著一只原本屬於她的紅寶石戒指。吉娜小聲地說，那只戒指是她唯一擁有的一件母親的東西，她絕對不會將它取下。

「嗯，」我說，「你母親身邊還有一對黑貓。」吉娜說，牠們是她最初養的貓。她說自己從小就和牠們一起長大，她母親過世時，牠們也非常哀傷。

吉娜想知道，我能不能告訴她，瑪咪和艾克幾時會回來。而我不得不告訴她，我不知道。「有些動物很快就會返回世間，其他則需要一段很長的時間。」我說，「不過，我確實知道，瑪咪和艾克會在你的有生之年回到你身邊。」

吉娜接受了這個回答。事實上，牠們直到十年後才雙雙回來。當時，吉娜養了一隻名叫梅西的五歲波士頓㹴。她姊姊經常帶著自己的貓咪傑克去探望她，某次拜訪時，她提議去收容所替吉娜找兩隻貓。吉娜起初不太確定，因爲她已經養了梅西，但最後她們還是去了。抵達收容所時，她對自己要做的事情滿心歡喜。看到那麼多無家可歸的動物，讓她很難過，因此決定領養在同一個籠子裡相互依偎的兩隻小貓。但當她告訴服務人員她想領養牠們時，服務人員告訴她，母的那隻已經有人要了。

吉娜十分沮喪，因爲她認爲把牠們分開是大錯特錯的決定。隨後服務人員告訴她，打算領養小母貓的人仍在收容所內，因爲他們還想同時領養一隻小狗，好讓牠們可以一起長大。她向吉娜描述了那家人，吉娜便開始四處尋找。

吉娜找到他們時，她上前表示她想領養兩隻小貓，因爲牠們被分開的話一定會傷心欲絕，而那些人沒有異議。事實上，他們說自己也被另一隻小貓所吸引，而且很樂意領養另外那隻。

正如吉娜告訴我的，她知道這是命運的安排。如果她晚一個小時到收容所，小母貓可能已經不在那裡了，而她永遠不可能知道這件事情。她把牠們帶回家，然後拿出瑪咪和艾克的睡床。她說自從牠們離開以後，她一直無法處理這些東西。睡床有一張是粉紅色的，另一張是藍色的。令人驚訝的是，小母貓立刻直奔粉紅色的睡床，小公貓則自動走向那張藍色的。

接著，當吉娜爲牠們取出食物和水時，小母貓把手伸進水裡，開始灑得到處都是，作風和瑪咪以前根本是如出一轍。吉娜爲此感到相當吃驚。

「桑妮亞，」她說，「我當下就知道，過了這麼多年，牠們眞的回來了。自從瑪咪和艾克過世之後，失去牠們的痛苦總算煙消雲散了。」

令人開心的是，牠們和梅西關係緊密，現在，牠們三個經常一起擠在梅西的床上睡覺。

第 3 章

我的寵物
知不知道我有多愛牠？

故事10

貓

你愛牠，牠都知道——很愛很愛你的普巴

馬丁告訴我，他認爲自己是個硬漢。而正如他所說的，他在動物這方面肯定不是個「多愁善感又傻里傻氣」的人。因此，當他失去了他的波斯貓普巴並與我聯繫時，他差點就要道歉了。

「你知道嗎？桑妮亞，」馬丁說，「這對我而言眞的很尷尬。我不可能跟任何朋友說這件事，因爲他們會認爲我瘋了，但我眞的必須知道，普巴了不了解我有多麼愛牠。我不是那種善於表達情感的人，也許我沒有經常告訴牠，牠對我有多麼重要，也許我沒有經常花時間撫摸牠、和牠說話，但我非常愛牠。我超乎自己所能想像地思念牠，我就是必須知道牠了解這一點。」

我們表達情感的方式各不相同，有些人會一直告訴動物，自己有多麼愛牠們；其他人則可能覺得用言語表達自己的感受，多少有些尷尬。我們人類有時很難對彼此說那些話，

更不用說是對寵物了。就算人們確實告訴寵物自己有多愛牠們，他們可能也無法確信動物眞的能理解。

我能夠聽見馬丁的聲音在電話中顫抖，我知道他眞的很想保持冷靜。他似乎認爲他說的話有些奇怪，而且他不希望自己聽起來很軟弱或是愚蠢。但正如我立刻告訴他的，每個失去寵物的人絕對都想知道，動物究竟理不理解自己有多麼受寵。

當普巴和我以心靈感應溝通時，一聽到馬丁竟然懷疑牠知不知道他有多麼愛牠，便感到難過不已。他並不需要大聲說出來才能讓牠知道，而且他的確沒有感到內疚的理由。事實上，普巴希望馬丁能明白，牠有多麼愛他。牠想讓他知道，因爲牠的愛，牠會永遠與他保持連結。

我把訊息傳達給馬丁時，他終於放下矜持哭了起來，因爲他失去了心愛的寵物，也因爲他知道他們一直感受和感謝著彼此的愛。

當然，我希望我們都能經常告訴寵物，我們有多麼愛牠們，但正如我向馬丁解釋的，當我們愛一個動物同伴時，我們會持續發散出那股愛的能量，就像無線電波進入宇宙的電磁場一樣。而我們的動物不僅在有形體時會感覺得到，在靈界時也是如此，因爲在靈魂的層次上，這兩個階段之間從未分離。

你可能有過這樣的經驗——你走進一群人之中，然後覺得房間裡的能量要麼正面、要麼負面。我們一直都在傳送能量，當能量正面又充滿愛時，它也會吸引愛的能量來作爲回報。動物在身體裡時，可以感受到我們充滿愛的能量，即使牠們去了靈界，也能持續感受得到。

我們不會停止去愛一隻過渡到更高境界的寵物，而且我們的寵物在過世之後，仍能繼續感受到我們的振動與愛的能量。

故事11

驢

受虐動物的療癒之旅——住在四季酒店的甜豆和柳樹

喬治是一個令人讚歎、很重視心靈層面的動物愛好者。他年輕時，曾揹著一只背包、花費兩年的時間環遊世界，學習了許多不同文化的信仰。從自營的科技事業退休之後，他搬到一座可以拯救和照顧動物的牧場上。他去西班牙拜訪姊姊時，在田裡發現兩頭驢子（後來成爲他的寶貝甜豆和柳樹），正在爲一名農夫做苦役。喬治向農夫買下驢子，而他姊姊也同意先照顧牠們，直到他安排牠們搭機赴美爲止。當他接到甜豆和柳樹時，牠們的腳痛到寸步難行，背部也因爲長期揹負重物而出現嚴重的問題。

日子一久，喬治和驢子們越來越親近，看著牠們恢復健康，帶給他極大的喜悅。我一開始和甜豆、柳樹溝通，就看出了牠們有多麼深愛彼此。我知道牠們已共度過好幾個前世。

在與受虐過的動物溝通時，我可以在自己的身上感應到牠們疼痛的部位，而牠們也能傳達生活中曾發生過的事，這麼一來，救援者和獸醫才能比較了解要如何協助牠們。儘管

甜豆和柳樹的健康狀況一直很棘手，但喬治卻能讓牠們在愛、喜悅與平靜中終老。愛是最偉大的療癒者，喬治盡力確保牠們身體上的安適，包括為牠們蓋一間有空調和暖氣的穀倉，還讓牠們可以隨意進出。當牠們初來乍到、水土不服時，喬治有時甚至會在穀倉裡陪睡。跟他在一起，牠們就像住在驢子的四季酒店一樣。

他們三個確實深愛彼此，而驢子們也跟著喬治到處跑。他每天早上起床後，都會帶著咖啡和兩顆蘋果去穀倉——咖啡是他自己要喝的，蘋果則是給驢子們吃的。

喬治開始養牠們時，牠們就已經上了年紀。最終，協助甜豆離開的時候終於到了。喬治打電話給我，他說在給甜豆安樂死之前，他想和牠說說話。我問甜豆，準備好要離開身體了沒？牠說牠很痛，可是牠不想留下柳樹先走一步。

喬治知道牠們有多麼深愛彼此，特別是牠們曾經患難與共。他不想再讓甜豆受苦，但他還沒有做好讓柳樹離開的準備。這是個艱難的局面。喬治知道，失去甜豆的形體會讓柳樹心碎，但他也了解分離其實並不存在，因此他問甜豆，願不願意讓柳樹和他再多相處一陣子。思考片刻後，甜豆說，「只能再留一下下喔！」接著，牠繼續表示，喬治讓牠們過得那麼快樂無憂，牠們完全想不到自己可以如此開心自在。「我知道他會傷心欲絕，」甜豆對我說，「但你、我都知道，我們永遠不會離開他。」

柳樹隨後表示，牠會多陪喬治一會兒，但牠很快就會與甜豆會合。一個星期後，喬治來電，他說自從甜豆走了以後，柳樹不吃不喝，幾天後也過世了。「你說得沒錯，」他說，「牠只多留了一會兒。請告訴牠們，我很高興牠們能再次相聚。」

喬治還告訴我，他依然每天帶著他的咖啡和牠們的蘋果去穀倉。此時，甜豆從靈界插話說，「對，而且他還把蘋果吃掉！」喬治頭一次笑出聲來，他說，「一點都沒錯。請你轉告牠們，下半輩子我都會這麼做，因爲我知道牠們和我在一起。請告訴牠們，我每天早上一起床，第一個想到的就是牠們。」

他告訴我，甜豆和柳樹離開了以後，他可以感覺到牠們就在身邊。我說，「喔！喬治，我希望你也能見我所見。我看見牠們一起奔向夕陽，我可以感受到牠們所有的喜悅。」

「桑妮亞，」他回答，「我知道你是對的。」接著，他突然放聲大笑，然後說，「我知道牠們在那裡，我爲牠們感到高興。我們都知道自己不該陷入這種物質界的哀傷！」

故事12

貓

一則乘願再來的感人訊息——攜來額外好康的亨利和珊蒂貓

席歐有兩隻漂亮的布偶貓亨利和珊蒂貓。珊蒂貓先離開人世一步，亨利則活到十九歲。可是當席歐預約解讀時，亨利告訴我，牠也該是時候離開了。牠有腎臟問題、肝臟問題，以及非常嚴重的關節炎，這使得牠疼痛不堪，有時連動都不想動，甚至不想去用貓砂盆。牠請我讓席歐了解，牠和他，還有牠最好的朋友珊蒂貓，共度了美好的一生，但牠現在已經準備回靈界的老家了。

席歐知道亨利的時間到了，想到要繼續過著沒有牠的日子，他便哀痛欲絕。但他很清楚亨利所承受的痛苦，因此，他要我讓他心愛的寵物了解，他會協助牠離開，而且還解釋獸醫隔天會到家裡替牠安樂死。接著，他問我是否該把電話放在亨利耳邊，這樣牠才聽得見我說話。確實有很多人問過我這個問題，但正如我向席歐解釋的，心靈感應的語言是透

過磁場來傳遞，而不是透過電話線路。所有動物都是透過心靈感應和彼此溝通，與人類的溝通也是如此，牠們了解這種無聲的語言是如何運作的。

我們談話時，席歐泣不成聲，但亨利帶了一些溫馨感人的訊息給他。牠說，牠很快就會轉世，因爲正如牠所宣告的，「我不准其他的貓來接管我家，還有我超棒的老爸。所以請告訴席歐，他必須再養一隻貓。若他不這麼做的話，我就回不來；如果可以養兩隻的話更好，這樣到時珊蒂貓也可以回來。」

我在傳達這則訊息時，席歐感激地說，知道亨利明白自己有多麼受寵又想回來，讓他比較容易對牠放手。

三個月後，當席歐和我預約另一個時段時，他表示，他前陣子一直去收容所，看到了一隻他一眼便覺得有緣的三歲貓咪。「桑妮亞，」他說，「那是一種緣分。我已經看了好幾隻其他的貓，但我一走近這隻貓咪的籠子，牠就直接上前對我伸出小手。我立刻有一種愛的感覺，我知道非牠莫屬。令人驚訝的是，我一把牠帶回家，牠就熟門熟路地馬上跑進我的臥室，跳上床鋪，直接走去睡在枕頭上，而亨利以前總是睡在同一個位置。可是……」他說，「我不認爲牠是亨利或珊蒂貓。牠確實知道一些亨利會知道的事，但在許多方面又不太一樣。」

「嗯，你知道的，席歐，」我告訴他，「動物從靈界回來時，不見得會和前一世一模一樣。你的新貓咪會有自己的個性，但你會開始在牠身上看到一部分的亨利。另外，動物有時需要一段時間才能進入新的身體。在永遠安頓下來之前，牠們可能會進進出出，一再反覆。」

席歐表示，他會耐心等待。之後有很長一段時間，我沒再聽見他的消息。但隨後他又預約了另一次解讀。這回，他毫不猶豫地說，「桑妮亞，牠們已經回來了！」

「喔，」我說，「所以你現在養了兩隻貓？」

「不，」席歐回答，「我有三隻！事情是這樣的。我去沃爾瑪採買一些食品雜貨，當我把袋子放進後車廂時，覺得有個東西在磨蹭我的小腿。我低頭一看，發現是一隻小貓。我把牠撿了起來，而當我抱著牠時，有個女人抱著另一隻小貓朝我走來，她說她剛才在車子下面發現牠，她要把牠們帶去收容所。但我知道，一旦她這麼做，牠們全都會被安樂死，因此，我請她把手上的另一隻也給我。她把小貓咪遞了過來，我一將牠們兩個抱在懷裡，立刻便感受到全然的平靜與快樂。那女人看著我並露出微笑。『既然如此，牠們注定是你的了。』她說。我知道她說得完全正確。我知道牠們已經找到了我，而不是我去找牠們。其中一隻貓咪和珊蒂貓就像一個模子印出來的。現在我知道，牠們都回來了。上次和你談話時，我還不太確定，但日子一久，我開始在新貓身上看見更多亨利的特點。而第三隻則相當討喜，就像個額外的好康。

「我從沒想過我會養三隻貓，但現在我的生活充滿了樂趣。每次我走進大門，牠們都會跑來迎接我。我實在太開心了。亨利離開時，我不認爲自己能再快樂起來，但現在，我的人生已經徹底翻轉了。」

故事13

貓

寵物教會我們愛與幸福的課題——傳遞奇蹟的小虎和小鬍子

瑪麗貝絲和我講電話時，顯得心煩意亂。她的兩隻貓都在靈界，但她就是無法從牠們的離世中恢復常態。我們有些人的日子過得比別人輕鬆如意，不幸的是，瑪麗貝絲是那種會把自己的事情搞得比原本更棘手的人之一。在她心目中，她這輩子得到過唯一無條件的愛，就是來自於她的貓咪。

她最先向我提到的幾件事情之一是，有一天，她的貓咪小虎失蹤了，而她完全「知道」她的前男友在某種程度上必須爲牠的死亡負責。當我調整頻率接收小虎的訊息時，感覺到牠年紀輕輕就死了，大約四歲，而瑪麗貝絲證實是四歲沒錯。接著，她說，「問問小虎，我前男友對牠幹了什麼好事。」

「什麼也沒有。」我告訴她。然後，小虎開始講述牠的故事給我聽。牠說牠是一隻室內/戶外貓，有天早上牠出去時，像往常一樣快速地穿越馬路。然而，這個早上牠被一輛全速行駛的車子撞到了，而且車子很快地從牠身上輾過去。牠繼續奔跑，隨後就倒在地上死掉了。我同時感覺到小虎的聽力不是很好（瑪麗貝絲再次證實了這一點），所以，牠沒聽見有汽車接近。牠說牠跳出了身體，當牠低頭往下看時，牠簡直不敢相信，因為牠可以看見自己的身體躺在馬路上。正如我向瑪麗貝絲解釋的，我們在離開肉體進入靈界時，有時也會發生這種事情。

接著，牠說，牠看到了一隻以前就認識、而且也已經過世的貓。牠說那隻貓經常來牠的院子，並沿著圍籬散步。牠還看到一隻過去時常與人類同伴經過牠家門口的狗。「我感覺到的，唯有愛而已！」小虎這麼告訴我。我也可以感受到牠所散發出來的愛。牠還表示，牠很高興能隨心所欲地移動，牠覺得在能量體裡非常輕盈。瑪麗貝絲卻顯得身心俱疲，但小虎說，牠已經直接回來找她了。我們的動物向來如此，因為分離其實並不存在。「請告訴她，我現在就坐在她的椅背上。」牠說。而當我告訴瑪麗貝絲這件事時，她倒抽了一口氣說，「喔，桑妮亞，那就是小虎經常坐的地方。」

這時，另一隻貓小鬍子的靈體也過來了。小鬍子的年紀看起來大了許多。瑪麗貝絲說，牠活到十六歲。牠告訴我，牠跟著瑪麗貝絲搬了很多次家，最後，他們搬去和她的母親同住。「我眞的很高興能安定下來，」牠說，「不用再搬來搬去，居無定所。」雖然瑪麗貝絲很高興小鬍子也來了，但她在評價自己的母女關係時卻絲毫不留情分。她可以對貓表達愛意，但似乎就是無法與其他人相處。

「牠們還在你身邊，你知道的。」我告訴她。她說，她確實這麼覺得，所以她一直在和牠們說話。「嗯，這樣很好。」我說，「牠們告訴我，你還住在你母親的房子裡。」

「對，」瑪麗貝絲說，「她最後一次生病時，是我全程照顧她，後來她就把房子留給我了。這是這輩子她唯一爲我做過的好事。」

此時，小鬍子又開始對我說話。牠告訴我，牠初次被診斷出癌症後曾恢復健康，而且維持了一段相當長的時間。

「沒錯。」瑪麗貝絲說，「獸醫告訴我，牠活不過一個月，我只好帶牠回家。有天夜裡，牠和我待在床上，我告訴牠，我不想繼續過沒有牠的生活。我知道牠明白我的意思。

接著，我便感覺到一件非常奇特的事。」

「我了解你的感覺，」我說，「你覺得你的能量在轉移。」

「對，我覺得有什麼東西在轉移。」她說，「當晚我夢到小虎。我看見牠在美麗的白光裡，牠走過來用小手碰我。牠告訴我，小鬍子不會死。我這輩子從沒這麼開心過。早上醒來時，我感覺好多了。幾天後，我跟小鬍子又待在床上，然後又覺得有什麼東西在轉移，從那天開始，小鬍子就逐漸好轉了。幾個星期後，牠就像以前一樣生龍活虎。我帶牠去看獸醫時，他還搞不懂究竟發生了什麼事情。」

「我可以告訴你，這是怎麼回事。」我說，「小虎離開身體時還很年輕，牠的身體非常健康。你感覺到的是，小虎的能量進入了小鬍子的身體，並進行療癒。其實，小虎和小鬍子前世就在一起了，甚至在牠們進入肉體前就知道會發生這種事情。這是業力的一部分，你得到的是一份偉大的禮物。

「這些貓咪告訴我，你必須從中學習。你必須停止擔憂，停止替別人編造不實的故事，因為你的所作所為只會讓自己的生活更有壓力。你的貓咪正在協助你療癒，就像小虎療癒了小鬍子一樣。奇蹟的確會發生！」

「非常謝謝你解釋了這一切，」瑪麗貝絲說，「否則我永遠搞不清楚發生了什麼事。現在，這一切都說得通了。」

「你和你的貓十分親近。」我說，而她當然同意這一點。「你們共度過許多前世，」我告訴她，「這輩子，你值得擁有這個奇蹟。人生不是一趟輕鬆的旅程，但一切都能幫助我們學習。所以，請從這次的經驗中汲取教訓，因爲你的貓在生前死後都教了你很多事情。地球上沒有人的旅程是輕鬆的，但透過充滿愛的方式來看待事物，可以讓事情變得容易一點。牠們已經教過你如何去愛，因此，牠們希望你在接下來的日子裡也能這樣看待生活。」

瑪麗貝絲想知道，小虎和小鬍子會不會回來。牠們告訴我，牠們不會。「她必須自己學會這門功課。」牠們說。

接著，她問我，她該不該再養一隻貓。

我告訴她，絕對應該。「收容所裡滿是需要被拯救的貓，」我說，「爲什麼不再養兩隻呢？你和動物在一起時，看起來充滿了愛與幸福。」

瑪麗貝絲隨後告訴我，她一直感到很內疚，因為她認為小虎和小鬍子不希望她這麼做。因此，我不得不再次提醒她，靈界除了愛以外，沒有別的，而她的貓希望她能再次體驗愛與幸福。

「小虎和小鬍子是不可思議的靈魂，」我說，「你已經從牠們那兒學到了這麼多。牠們給你愛，牠們教你如何去愛，而且還從靈界傳送智慧給你。這一切就是這麼回事，所以，請聽聽牠們的忠告吧！」

第 4 章

我的寵物對我滿意嗎？
我有把牠照顧好嗎？

故事14

狗

你眞的沒有讓毛小孩失望——滿懷感激的奧斯卡

我們多數人會竭盡所能地把自己的寵物照顧好，但我們都做過讓自己後悔的事。生活中總會出現無法控制的狀況。由於無法確定自己深愛的動物是否了解我們有多麼努力想照顧好牠們，或是爲什麼我們有時得做一些可能讓牠們不高興的事，因此，罪惡感會啃蝕我們的心，尤其在牠們離開之後，我們的悲痛更是令人難以承受。

「你知道嗎？桑妮亞，我出差時，有時不得不把奧斯卡留在我媽那兒，而我總是擔心牠會對她不滿意，或是認爲我遺棄了牠。由於我剛養牠時，牠是一隻被救回來的狗，我很確定牠來我家之前過得很苦，因此，我眞的必須知道牠對我是滿意的，而且我有把牠照顧好。我不想成爲那種讓小孩在成長過程中生他們的氣，卻只會說『嗯，我已經盡力了』的父母。但有時我的感覺就是如此，我眞的很想知道我認爲的最好，對奧斯卡而言究竟夠不

夠好。」

儘管講電話時，我看不見瑪莎的表情，但卻從她的聲音裡聽到了愧疚和深深的懊悔。我理解瑪莎心慌意亂，但我也知道她眞的沒什麼好悔恨的，更沒有理由折磨自己，至少就奧斯卡而言。

奧斯卡是一隻毛茸茸的混種大型犬，牠過來找我時，我可以從牠溫柔的棕色眼睛裡看出來，牠並不需要那些可怕的自我懷疑。牠讓我知道，在瑪莎領養牠之前，牠的確遇過一些麻煩；但打從她帶牠回家的那一分鐘起，牠就知道自己身在一個安全的地方，而且終於找到了忠實的人類同伴。事實上，早期的經歷讓牠更感激的不僅是瑪莎有多麼愛牠，還有她把牠照顧得有多好。當然，有時瑪莎不得不離開時，牠當然會想念她，但牠告訴我，瑪莎的母親很照顧牠，總是對牠很好。而且牠也愛瑪莎，否則牠就不會用同樣的方式去愛她了。如果現在奧斯卡有半點不開心，那是因爲牠很擔心瑪莎，牠知道瑪莎仍一直爲牠而煩惱發愁！

我向瑪莎解釋，當我們快樂時，我們的動物同伴也會快樂。當我們緊張、悲傷或是有壓力時，牠們也會感受到那些振動，就像感受到我們的愛一樣，而且牠們會吸收並反映出我們的情緒。知道自己沒有令奧斯卡「失望」，牠不僅快樂，還深深感激她一直以來對牠展現的善意，令瑪莎如釋重負。奧斯卡還想讓瑪莎知道，牠仍在她的身邊，他們永遠不需要再次分開。

談話結束時，瑪莎哭了起來，但她告訴我，那是欣慰的淚水，她知道自己沒有不及格，而且奧斯卡始終知道這一點。

故事15

白龜

最有趣的動物溝通經驗——滿意得不得了的海龜先生

偉大的靈媒約翰·愛德華在休士頓舉辦了一場活動，我在會場上遇見艾琳，她爲了替她美麗的白海龜進行解讀而和我預約了時段，牠的名字就叫做海龜先生。我這輩子和許多海龜說過話，但沒有一隻是白龜。白龜相當罕見，而這隻又特別聰明。我一拿起電話，海龜先生就過來了，而且一開口便滔滔不絕。艾琳已經向牠解釋過，牠會和一個懂牠語言的人交談，因此，牠馬上便問我是不是海龜。我說，這一刻我是海龜，但我也是人類。「這怎麼可能？」牠問道。「嗯，」我說，「很多事情都有可能。我出生時聽力受損，而當我還是個小女孩時，所有動物都來教我牠們的語言。」牠接受了這個說法。

海龜先生告訴我的第一件事情是，牠有多愛池塘裡的水。艾琳笑著說，她和先生是在佛羅里達州養海龜先生，那裡的水質很糟，因此，他們用濾過的水在屋內替牠蓋了一座特

製的池塘，而且保持得非常乾淨。艾琳表示，她很高興海龜先生欣賞他們的心血結晶，因爲他們眞心希望牠能快樂。而我可以向她保證，海龜先生開心得不得了。

海龜先生繼續告訴我，牠喜歡池塘裡漂亮的大石塊，還有他們放在裡面的魚，雖然牠們看起來不太會游泳。艾琳又笑了，她告訴我，那些是玩具魚。但海龜先生說牠喜歡魚，牠要我謝謝艾琳。牠還想讓她知道，牠喜歡有人來家裡，然後坐在池邊跟牠說話。牠很自豪有訪客想見牠。

牠在告訴我這些時，我覺得海龜先生這陣子感覺不太舒服，艾琳證實了這一點。「不過，」牠說，「艾琳有給我一些抗生素。你知道那是什麼嗎？」於是我解釋說，抗生素是一種能讓牠好起來的藥。接著，海龜先生要我謝謝她，因爲牠現在感覺好多了。

此時，我看見靈界有另一隻白龜朝我走來。艾琳表示，他們有一隻白龜在幾週前死亡了。我可以感覺到牠胃裡有蟲，即使艾琳說他們有餵牠吃抗生素，但仍來不及救牠。這也是他們現在如此呵護海龜先生的原因之一。

接著，我看到一位紳士的靈體過來了，他告訴我，他教艾琳騎自行車，他總是陪在她身邊，他也很欣賞她的先生。「喔，」艾琳說，「那是我叔叔。他在我成長過程中，花了許多時間陪伴我。請告訴他，我愛他。只要他想，可以隨時過來看我。」

艾琳的叔叔接著告訴我，他和海龜的靈體在一起，而且他們都不打算回來，因爲在那裡太開心了。他還表示，艾琳有個罹患失智症的阿姨，也就是他妹妹，非常害怕死亡。「對，」艾琳說，「她今年九十八歲，是該過去了。」因此，她叔叔說，他會告訴他妹妹，是時候了，他會帶她過去。「不會太久的。」他說。

海龜先生隨後又說起話來，牠告訴我有個小男孩來拜訪過，但牠不太喜歡他，因爲那個男孩會用腳在海龜的池塘裡打水，而牠當然不欣賞這種行爲。「叫艾琳別再讓那個小鬼來了。」牠說。艾琳告訴我，那是她侄子，她會確保他不再調皮。

之後，海龜先生又說，牠期望自己可以活得長長久久。我告訴牠，我也這麼希望。

艾琳問我，海龜先生有沒有想要什麼其他的東西。我告訴她，牠似乎對現狀相當滿意。但牠確實問我，他們是不是想養貓。艾琳說，他們是有考慮過，但後來決定不養，怕萬一貓咪傷到海龜先生就不妙了。

「喔，」牠說，「感謝老天爺。我不希望這間房子裡有任何貓咪！我喜歡他們把注意力全部放在我的身上。」

海龜先生唯一不太高興的事情是，他們改變了牠的食物。艾琳表示，那是獸醫的建議。「好吧，」海龜先生說，「是獸醫搞不清楚狀況。叫艾琳改回來。」於是艾琳說，她會跟獸醫討論看看。

「哈，」海龜說，「我倒想聽聽看獸醫會講什麼，如果艾琳告訴他，她一直在跟我說話的話！」

接著，海龜先生謝謝我和牠說話，還說希望我們未來可以再次交談。我告訴牠，我也這麼希望。

事實上，這是我遇過最有趣的溝通之一，無論是和物質界或靈界的任何動物。我認爲，這證明了所有動物在被愛時，確實是知情的，而且很感激我們爲了讓牠們盡可能健康快樂地生活而做的一切。

故事 16

狗

毛小孩需要的是愛，而非愧疚——哪兒也沒去的愛麗絲

愛麗絲是一隻混種波士頓㹴，牠是席爾薇亞和南西從收容所裡救出來的，當時牠約莫一歲大。席爾薇亞一直認爲牠很特別，又具有療癒能力。席爾薇亞是一名乳癌倖存者，她說愛麗絲挨著她躺在床上，陪伴她度過了每分每秒的煎熬。我知道動物的愛極爲強大，而在席爾薇亞心中，愛麗絲確實在她的療癒過程中發揮了作用。

席爾薇亞和南西都非常愛愛麗絲，但牠和席爾薇亞似乎有一種特殊的連結。席爾薇亞告訴我，如果她在廚房裡，愛麗絲就會跟過去；如果她去洗手間，愛麗絲也會在那兒。「牠給我的愛，令人難以招架，」席爾薇亞在電話裡說道，「它充滿整間房子，我們隨處都能感受得到。」

不幸的是，席爾薇亞康復後的幾個月，才五歲的愛麗絲也被診斷出癌症。獸醫告訴席

爾薇亞和南西，牠的腹部有一顆大型腫瘤，她們應該讓牠安樂死才對，因爲腫瘤可能會破裂，萬一破掉的話，牠會在極大的痛苦中死去。南西和席爾薇亞備受打擊，然而，正如她們告訴我的，她們已經向愛麗絲解釋了來龍去脈，而且她們會請獸醫來家裡協助牠重返靈界。她們告訴愛麗絲，牠可以回家無妨，於是，牠非常平靜地離開了身體。當她們告訴我這一切時，席爾薇亞崩潰了。

「喔，桑妮亞，」她大哭，「我想是我把癌症傳染給了牠，因爲我在休養期間，牠花了好多時間陪伴我。是我傳染給牠的嗎？」她啜泣著說，「如果是我造成的，請拜託牠原諒我。」

當然，我向她保證，她並沒有把癌症傳染給愛麗絲，因爲癌症不是一種傳染病。我解釋說，愛麗絲只是時候到了，而且很遺憾，它這麼快就到了。

「不過，」我說，「我可以看見在靈界的牠。牠身邊有一隻小黑狗，牠們在一片美麗的青草地上奔跑、跳躍，玩得不亦樂乎。」

「喔，」席爾薇亞說，「那是魯伯特。牠們是最好的朋友，牠們以前經常從對方身上跳過去，像兩隻瘋狗似地在院子裡四處奔跑。」

「嗯，」我告訴她，「愛麗絲跟我說，魯伯特等著接牠過去。現在，牠們又相聚在一起了。你知道的，我們永遠不必為任何事情向寵物道歉。我知道你沒有傳染癌症給愛麗絲，但就算你認為自己在牠生前犯了某些錯誤，牠也絕對不會批判你、怪罪你。動物從不批判，牠們只是單純地去愛。而愛麗絲正讓我知道，你和南西是牠遇過最善良、最有愛心和慈悲心的人類同伴。」

此時，我還看到一位美麗的女士和她身邊的德國牧羊犬朝我走來。我一形容她，席爾薇亞立刻說，「喔，那是我母親，那隻是陪伴我長大的狗。」

「嗯，席爾薇亞，」我說，「你母親告訴我，當你和南西完成地球上的任務時，他們都會在另一邊等你們。不過，她也要我提醒你，你的時間還有得等！『我們都愛你，我們會在這裡守護著你。』他們說。你們知道的，」我對這兩位女士說，「分離並不存在。你們現在或許感受到分離，可是當你們學會在沒有愛麗絲的形體下生活時，便會開始覺得牠在你們的身邊了。」

她們想知道愛麗絲會不會回來。我說，「在你們的有生之年不會，但你們知道的，一輩子其實很短暫，等你們過去時，就會和牠重逢了。」

幾個星期後，我收到一封她們寄來的電子郵件，信裡說，前一晚她們聽見愛麗絲的爪子在地板上發出喀喀喀的聲音，而當牠跳上床時，她們還感覺到床墊陷了下去。「牠在讓我們知道，牠哪兒也沒去，我們簡直開心到不知所措。」

人們在失去動物時感到內疚並認爲自己需要道歉，往往令我十分驚訝。然而，正如我將繼續分享的，動物無論如何都會愛牠們的人類同伴，因此，永遠沒有任何道歉的需要。

故事17

貓

當孩子爲了逝去的寶貝而哀傷——永遠在身邊的雷米

麗茲和我預約了時段，因爲她十四歲的兒子萊恩，無法克服他的貓咪雷米過世的哀傷。我看得出來，萊恩是個很有愛心的人，這是他第一次經歷了如此重大的失落。我們一開始通話，我就看見一隻大黑貓的靈體。我通常是坐在床上接聽私人客戶的電話，當黑貓朝我走來時，牠直接跳上我旁邊的床面繞了一圈，好像這張床是牠的一樣。我看得出來，牠是一隻自命不凡的貓。還有一隻很可愛的貓咪也過來了，牠叫麥斯，我知道牠還在身體裡面。萊恩一直認爲雷米是他的貓，麥斯則屬於麗茲的，雖然他們都很愛家裡的貓咪。

麗茲告訴我，她和兒子每週都會收聽我的電台節目，所以，我知道萊恩了解我的工作方式。當我開始和這對母子交談時，黑貓雷米的靈體告訴我，牠死得很快。我可以聽見汽車引擎聲並感受到身體的衝擊，因此，我知道牠被車撞了。麗茲和萊恩確認這是眞的，他們對我已經和雷米取得了聯繫，感到相當興奮。

孩子們很愛自己的動物，而且往往會告訴牠們一些不能或不會告訴父母的事，而雷米一直是萊恩最親密的知己。「你一直跟牠說話，不是嗎？」我對他說，「因爲牠永遠不會批判你；牠只是無條件地愛著你。」

「對，」他說，「我對牠毫無保留，什麼事我都會跟牠講。」

接著，雷米開始告訴我，牠與萊恩和麗茲共度的美好生活。雷米最喜歡的遊戲是萊恩躺在床上，在被窩裡移動雙腳。雷米會假裝腳是怪物，並攻擊它們。雷米還說，如果萊恩停了下來，牠就會開始繞著他的頭走——這個舉動往往會把他惹毛——直到他又開始移動雙腳爲止。萊恩笑著說完全沒錯，雷米會一直繞著他的頭走，而他總是很生氣。「可是現在，」他說，「這是我最懷念的事情之一。」

萊恩和雷米確實很了解彼此。儘管萊恩尚未意識到這點，但他已經開始了解貓語了。其實許多人都具有這種能力，即使他們自己並不這麼認爲。「你知道嗎？」我對萊恩說，「你當過好幾世的貓，你母親也是。這就是爲什麼你們會對貓咪這麼了解的原因。」

「哇，」萊恩說，「我媽和我經常對彼此這麼說，而且我總是知道貓咪的感受，以及牠們意識到的東西。」

此時，麥斯也開始和我說話。牠可不想被排除在談話之外。牠告訴我，牠和雷米一直是最好的朋友，牠很想念牠的朋友，但牠也表示，牠們的個性很不一樣。麥斯相當隨和，雷米則是非常好奇、果決又愛現。麥斯說每當家中有訪客時，雷米會立刻出去接受讚賞，牠則會等到確定自己喜不喜歡那些訪客之後才會現身。而且，根據麥斯的說法，牠也比雷米好看多了。我告訴牠，牠們都有自己獨特的美，我感謝牠告訴我這麼多關於雷米的事，可是我表示，如果可以的話，我想直接和牠交談。

麥斯告訴我當然沒問題，牠還表示，牠在雷米過世的前幾天，就意識到牠可能快死了。動物都有通靈的本事，而牠們有時的確會有這種預感。我看得出來麥斯很哀傷，也很想念牠的玩伴。

這時，萊恩開口了，而我明白，他光是知道雷米和麥斯在跟我溝通，就感覺好多了。事實上，雷米隨後又過來告訴我，萊恩的數學不太好，但他喜歡打棒球，而且打得很好。牠還說，由於牠現在在靈界，牠可以陪萊恩去他所有的棒球比賽。「萊恩，」我說，「雷米一直在你身邊，不曾離開。牠陪你去上學，你打捧球時，牠也在一旁陪著你。事實上，牠告訴我，你不太喜歡數學，而且你長大後會成為一名棒球選手。」

「完全正確，」萊恩說，「我不喜歡數學，對這個科目也不太擅長。我總是告訴雷米，有一天我想成為知名的棒球選手。」

「嗯，牠知道的。」我對萊恩說，「牠知道關於你的一切。」

「可是，」他說，「沒有雷米陪伴的日子，我眞的覺得好痛苦。」

「我懂，萊恩，」我說，「這是最糟的感受。每當我們失去動物時，不管我們失去了幾隻，總是會感受到同樣的傷痛。初次面對這樣的事情時，你會遭遇到前所未有的痛苦經歷。但你的人生中永遠會有動物相伴，因為養動物就是這麼回事。

「雷米離開身體，擺脫了病痛，現在，牠可以陪你去任何地方。牠告訴我，當你在馬路上發現牠的屍體時，牠甚至就在你的身邊。當時牠已經離開了身體，而且就走在你的後面。我知道你會一直記得找到牠的屍體時，那種感覺有多麼可怕，但這麼做時你必須理解，身體只是我們搭乘的一輛老爺車而已。雷米爬出了那具屍體，就像我們爬出車子一樣。每當你重溫那段經歷時，請提醒自己，雷米搭上了一輛很棒的車，但牠不得不離開，因爲那輛車撞上了一大塊隆起的地面，已經破碎不堪了。這樣的思考，將能幫助你面對這些回憶。」

「謝謝你，桑妮亞，」萊恩說，「我以前從沒這樣想過。這眞的有幫到我。」

「你知道的，萊恩，」我告訴他，「你有這種認知，實在很幸運。你會感覺到雷米在你的身邊，牠會永遠陪伴著你和你媽。你母親是一位非常特別的女士，她把智慧傳授給你。她安排了這次解讀，因爲她知道這對你的幫助有多大。我們無法克服這些事情；我們只能學著去接受。」

「嗯，現在我知道我的貓一直跟我在一起，」他說，「牠會陪我去上學嗎？」

「是的，」我說，「牠說過牠會。無論你去哪裡，只要你想起牠，牠都會立刻出現在你的身邊。」

掛上電話時，我不禁認爲萊恩有如此開明的母親，是何其幸運，因爲許多小孩並不知道自己的動物去了哪裡或身在何方，他們難過了一段很長的時間。有些孩子則是從未克服他們第一隻動物的死亡。

第 5 章

我的寵物還在我身邊嗎？牠會再回來嗎？

故事18

貓

來自靈界的守護——愛不中斷的潘妮

這年頭，寵物對我們多數人而言，是家中的一份子。牠們是忠貞的夥伴、忠誠的摯友，而且似乎能領會並理解我們的情緒——即使沒有其他人能做得到。對許多人而言，牠們就像孩子一般親密；對某些人而言，牠們則可能是獨生子女。儘管多數人都預期孩子會活得比自己久，遺憾的是，寵物幾乎做不到這一點。多數人很難相信，他們的動物同伴離開地球之後，在他們的生活中仍是個充滿愛的存在，而且牠們確實如此。而有些時候，如同我們已經討論過的，牠們和人類一樣，會透過進入另一個生物的身體來投胎轉世，即便有些會選擇留在靈界。然而，無論動物回不回來，牠們都將與我們保持連結。我目睹了這個事實被反覆地證明，在我交談過的對象中，不曾有人與自家動物失聯——牠們都是立刻來到我的面前，以證明自己的存在。

「我還是好愛好愛我的貓咪潘妮，沒有牠，我不知道該怎麼活下去。我必須知道牠是

不是也還愛我。我知道我們在一起時，牠是愛我的，但牠現在沒有坐在我的大腿上發出呼嚕聲或舔我的手，我無從得知牠是不是還像我愛牠那樣的愛我。我甚至不曉得爲什麼這件事對我這麼重要，可是你說過，我們的動物即使過渡到靈界，仍會與我們保持聯繫。我猜想，潘妮之所以保持這個對我而言意義重大的連結，唯一的理由可能是牠還愛我，就像我仍愛著牠一樣。」

當史蒂芬妮在電話中透露她的恐懼時，聽起來近乎歇斯底里，但我有能力讓她的情緒穩定下來。「史蒂芬妮，」我說，「你的語氣聽起來好哀傷，但你眞的必須停止擔憂。潘妮現在正坐在沙發椅背上，牠就在你的肩膀旁邊。牠想知道，爲什麼人類不了解自己的寵物無條件地愛著他們，而且就算是在靈界，也不會停止去愛他們。順道一提，潘妮要我告訴你，牠每天晚上還是挨著你的頭，睡在枕頭上面。」

此時，我可以感覺到史蒂芬妮破涕爲笑。「喔，桑妮亞，」她笑著說，「那正是潘妮一直以來睡覺的地方，牠喜歡用牠的小腦袋瓜挨著我的頭睡覺！」由於除了史蒂芬妮之外，不可能有人知道這件事，她立刻確定潘妮依舊存在。毫無疑問地，潘妮不僅仍愛著史蒂芬妮，也持續陪伴她，並從靈界守護著她。

故事19 狗

放手吧！別再讓你的毛小孩受苦——決定不再回來的傑克

珊卓深愛她的拉布拉多犬傑克，勝過生命中的任何人。她在傑克才六週大時便開始養牠，從此一人一狗形影不離。傑克是個很棒的旅行者，陪著珊卓四處遊歷，也很喜歡搭車兜風。珊卓告訴我，她唯一一次不在牠身邊，是因爲她去動緊急的盲腸手術，並將牠交給她母親，直到她有能力再照顧牠爲止。

當傑克陽壽已盡並重返靈界時，珊卓傷心欲絕。她一遍又一遍地說，「我好想跟牠一起死。牠走了，我也不想活了。」

傑克由於罹患胃癌而重病纏身，但狗狗會硬著頭皮苦撐，因爲牠們很愛我們，又非常善於忍受不適及疼痛。傑克已經十六歲了，對拉拉而言已算是高壽，但珊卓就是無法放手。她嗚咽地說，「我沒辦法讓牠安樂死。我知道牠在受苦，但我就是做不到。」傑克油

盡燈枯。牠舉步爲艱——牠的後腿失去功能，關節炎更令牠疼痛不堪。牠也逐漸失明，並且十分厭惡自己無法再控制好膀胱。這引起牠極大的痛苦，因爲牠告訴我，牠一直是隻很乾淨的狗。牠是一隻非常高貴的狗。我可以感覺到牠身體的病痛，但更多的是牠內心的傷痛。

我對珊卓說，「請設身處地地爲傑克想想。如果你自己大小便失禁、行動不便又痛不欲生，你會有什麼感覺？我不認爲牠身上有任何一處不疼痛的地方。」

同時，牠還不吃東西。我告訴珊卓，牠是打算把自己餓死。我並不常對別人說這些，可是我說，「拜託，請讓牠安息吧！牠已毫無生活品質可言，牠眞的是在受苦。難道你眞的想讓牠餓死自己嗎？」接著，令人難以置信的是，珊卓表示她會要求獸醫強行餵食。我告訴她，我不認爲獸醫會同意這麼做。我解釋說，她眞的得讓傑克離開了，而且她其實非常自私，也十分殘忍，雖然我確定她不是故意的。「讓牠安息吧！」我說，「你應該協助牠進入靈界，在那裡，牠就不會再受苦了。」

我知道，讓我們的動物離開是一件很難受的事，但我發現，多數人並不希望自己的動物受苦。他們有強烈的慈悲心，而且他們知道，動物是爲了牠的人類同伴才勉強苦撐著。牠們眞的會這麼做，無論受了多少折磨，都會硬撐下去。我對珊卓說，「你必須告訴傑克，離開吧，沒關係的。現在，你已經知道牠的感受，也明白牠受了多少苦，你自己感覺如何？」

一如我所料地，珊卓哭了起來。她說，「接下來，我會跟牠一起走，我會去自殺。」

於是，我說，「喔，珊卓，如果你這麼做，你就得馬上回到這裡，從嬰兒開始經歷另一段人生，而且無論如何，你都不會再和傑克相聚。自殺是不對的，因爲這表示你在這裡的工作完成前，便結束了自己的生命，那麼，你就得回來把那幾年重活一次。你可能還剩五年或二十年的生命，但無論時間多長，你都得把被你縮短的人生過完。如果你協助傑克安然地離開，牠的靈體會馬上回來找你；但如果你選擇自我了斷，你只會延長你們分離的時間。」

最後，她同意會試著照做。我重申，「我知道要做這個決定有多難，可是，珊卓，現在有個年輕人朝我走過來，手裡抱著一頂破掉的安全帽。」

然後，她又哭了起來，她說，「那是我弟弟哈利。他十八歲時死於一場機車意外。」她弟弟開始告訴我，他希望珊卓知道他愛她。珊卓則表示她也很愛他。這是我頭一次聽見她聲音裡的喜悅。接著，哈利開始講起他們小時候養的狗，我看到一隻狗在靈界陪伴他，那是一隻米格魯。我告訴珊卓，哈利在跟一隻米格魯玩耍，他要我叫她讓傑克一起過去。他說，他一直在等牠，而且一定會好好照顧牠。他還告訴我，珊卓把手錶戴在右手腕。她說，「喔，他講的是他的錶。自從他過世以後，我就一直戴著。我知道那是他沒錯。」

因此，我說，「珊卓，你知道哈利活在靈界，傑克也會。分離並不存在，消逝的只是形體而已。我們都會回家。地球上有生命，但另一邊也有生命。你知道的，因爲你弟弟過來找你了。」

於是哈利又說，「讓傑克過來，放下牠吧！我會陪伴著你，而且當牠離開身體時，我會在這裡等牠。」

此時，珊卓的態度徹底轉變了。她笑了起來，說道，「你會一直陪著我，對嗎？」哈利說，「讓牠走吧！我們會經常回來看你。」最後，珊卓要我告訴哈利，她有多麼愛他，而且她準備要讓傑克安息。

我感覺傑克如釋重負，因爲就算牠想苦撐，牠也知道自己的身體不允許，牠可能很快就必須離開了。我請珊卓告訴傑克可以離開無妨，因爲這能讓牠對死亡感到比較自在。而且，我說，「別擔心！傑克不會離開你的，因爲分離並不存在。」

兩個月後，珊卓預約了另一個時段以便與傑克交談。我問她最近過得如何，然後我說，「你是不是養了另一隻狗？」

她開始笑著說，「對，沒錯。我去收容所帶了另一隻狗回來，我給牠取名叫崔佛。」她聽起來很開心，和當時簡直判若兩人。她說，「我希望傑克可以回來，因爲我知道狗會輪迴轉世。」於是我告訴她，我會問問看哈利和傑克。

哈利率先笑出聲來。「我才不要回去那裡呢！我喜歡這裡。這裡只有平靜、愛和喜悅。」他說。傑克接著表示，他會和哈利待在靈界，在珊卓的有生之年，他們不會回去。我告訴珊卓，這是我們在靈界都要做出的選擇。「在那裡，你可以學到很多靈性方面的事，你可以去一個更高的意識層次，而這正是傑克所做的選擇。」

「不過，」珊卓的弟弟說，「你已經養了一隻很棒的小傢伙，牠原本要被安樂死的。你會一樣地愛牠，只是方式不同。」珊卓要我告訴哈利，她已經愛上了新的小狗。「這是第一次，」她說，「我可以接受傑克不會回來了。」

「可是，」我說，「等你過去的時候到了，你會跟牠和你弟弟在一起。他們會等著你。」

從那時起，珊卓每隔幾個月就找我做一次解讀。我會和崔佛說話，我們也和她弟弟及傑克的靈體交談。傑克告訴珊卓所有牠陪著她一起做的事情，像是去餐廳和各個地方。「你知道嗎？」我告訴她，「現在傑克可以跟著你四處趴趴走囉。」而且牠還說，「告訴珊卓，我還是跟她一起睡在床上喔！」

「喔，桑妮亞，」她說，「我知道。我真的知道。」

故事20

狗

當親人輪迴轉世成爲你的寶貝——會握手的孟提

並不是每個我從客戶那兒聽來的故事，都和寵物的靈體有關，也不是每個輪迴轉世的故事，都和回來的狗狗有關。我最喜歡的故事之一，和一隻非常特別的狗有關係，牠叫孟提，是和阿妮塔及湯姆一起生活的英國可卡犬。

阿妮塔和我預約解讀，還寄了一張孟提的照片給我。她來電時，迫不及待地告訴我，孟提有多麼特別。而我一看到她寄給我的照片，就知道牠的確很獨特，只是還不知道特別之處在哪兒。孟提給人一種相當熟悉的感覺，我覺得牠和阿妮塔過去曾經在一起。

「這輩子，你不是第一次和這隻狗在一起，」我說，「而且牠不認爲自己是狗。牠認爲自己是人，所以，你必須用人的方式對待牠。」

阿妮塔笑著說，「一點都沒錯，牠是我生命中的摯愛，我先生也很愛牠。牠能回來，

算我們運氣好。我們知道牠是轉世而來的。」

「你和孟提共度過好幾個前世。」我繼續說道，「在這些前世中，其中有一世，牠是以人類的形態生活。你和你先生也曾經以許多動物的形態生活。」

此時，我聽見她的丈夫湯姆笑出聲來。我說，「喔！原來你也在線上。」

「當然了，」他說，「無論如何，我都不想錯過這通電話。」

同時間，孟提告訴我，阿妮塔知道牠在進入狗的身體以前是什麼人。

「是的，」阿妮塔笑著說，「其實我打這通電話給你，就是想知道我對不對。我知道你一定能為我解答。孟提完全沒有行為問題。牠是你能找到最最乖巧的狗狗了。牠比許多人類還有禮貌。牠還一直跟我們握手。」

當阿妮塔告訴我這一切時，孟提正讓我知道牠有兩個家，而且牠跟阿妮塔和湯姆去了湖邊的房子。「牠說牠在那裡度過了美好的時光，牠和你們一起搭船，還跳進湖裡游泳。」此時，阿妮塔和湯姆雙雙大笑。

「牠真的告訴你這些啊？」阿妮塔問道。

「嗯，沒錯。」我說，「牠還提到，牠讓你想起一個你很愛的人，那個人也喜歡在湖裡游泳。而且湯姆每天晚上都煎一塊牛排讓牠獨享，即使沒有其他人要吃牛排。」

「對，眞的是這樣！」湯姆應和說。

「這是你父親，對吧？」我對阿妮塔說，「他變成狗回來了。」

「沒錯！」阿妮塔說。她接著解釋，她父親年輕時走遍世界各地，在遠東地區待了很久，那裡的人堅信輪迴轉世之說。晚年，他搬去和湯姆及阿妮塔同住。過世的前幾天，他告訴阿妮塔，他會回來找她。「我會回到地球上陪你，」他說，「我會當你的狗。我會進入你下一隻狗的身體。」

「我和父親非常親密，」她接著說，「湯姆也很愛他。我們去拜訪他時，他總是習慣爲湯姆做牛排。湯姆愛吃父親做的牛排，所以現在他投桃報李。我們的湖畔小屋也是父親蓋的。他不分寒暑，每天都在湖裡游泳。

「他還滿會通靈的。他告訴我，他回來時，我會知道。知道老爸仍和我們在一起，感覺眞是太美妙了！我跟別人提過這件事，而且從來沒被取笑過，因爲他們從未見過像孟提一樣的狗。當認識我父親的朋友來訪時，孟提會跟他們握手；但妙的是，牠從不跟老爸不認識的人握手。我們一得到還是小狗狗的孟提，失去父親的痛苦就消逝無蹤了。我很確定原因就是——湯姆、老爸、孟提和我都知道，我們又齊聚一堂了。」

故事21

狗

毛小孩想要時，就會轉世回來——失而復得的薩金特和蘇

潔西卡、她的先生史蒂夫，和他們六個月大的小寶貝彼得，住在一座小牧場上。當她先生在附近的城市工作時，潔西卡便負責牧場的一切雜務——餵馬、餵牛、餵放養的雞，以及從前任牧場主人那兒接收來的幾隻穀倉貓咪。此外，他們還有三隻救回來的狗，分別是：德國牧羊犬瑟吉、混種可卡犬薩金特、傑克羅素㹴蘇。潔西卡把小寶貝彼得綁在背上幹活兒時，通常會把狗狗們留在家裡。因爲如果她不這麼做，而是讓牠們到外頭牧場上的話，她說，這三隻狗裡頭年紀最小、塊頭最大的瑟吉，有時會跳過雞欄的圍籬，然後追著雞跑。

某個特別的早晨，潔西卡覺得胸口很不舒服。「我就是覺得有壞事要發生了，但我不知道爲什麼？」她來電時，這麼對我說。

她說她已經餵完了其他動物，然後去穀倉餵貓。「通常，」她告訴我，「當我裝滿牠們的碗時，牠們總是會跑過來跟我打招呼，即使牠們不喜歡我去摸牠們。然而，那天早上，牠們不見蹤影。我四處查看，最後發現牠們在放乾草的閣樓上，可是牠們怎樣就是不肯下來，這種情形以前從沒發生過。我離開時，回頭看見牠們都在吃東西，所以感覺好了一些，雖然我還是覺得怪怪的。」

在走回房子的路上，潔西卡看見濃煙從窗戶竄出，她立刻知道房子失火了。「我用手機打一一九，」她說，「然後死命地往房子跑，小寶貝彼得在我背上大叫。我能想到的就只有狗而已。我把小寶貝放在草坪上，然後打開房門。瑟吉就在那兒，所以我把牠拉出來，但我看不到其他兩隻。我喊了又喊，但牠們沒有出現，而我又沒辦法進去找牠們。到處都是濃煙和大火。這時候，我聽見消防車來了。其中一名消防員給瑟吉戴上氧氣罩，牠開始清醒過來，但另外兩隻狗卻沒能逃過一劫。後來確認火災是因爲線路接錯而引起的。」

此時，我看到靈界的薩金特和蘇朝我跑來，身邊還有一隻黃金獵犬，和一名我覺得是死於意外事故的年輕男子。潔西卡告訴我，那是她哥哥丹，二十幾歲時，他的飛機在山區墜毀，那隻獵犬是他的狗波利。「潔西卡，」我說，「他好開心喔！所有的狗也一樣快樂！你哥哥要我謝謝你在他死後照顧波利，他說他非常愛你。他還告訴我，他現在有一群狗，因爲他把薩金特和蘇也帶了過去。」

「喔，桑妮亞，」潔西卡說，「請告訴丹，我也愛他。我知道他過來了，我知道狗狗和他在一起。他過世時，是我一生中最悲傷的時刻。當狗狗過世時，我也感到同樣的傷心。」

我可以聽見丹在笑，他說，「叫我妹妹把書房裡那張可怕的照片處理掉。」當我轉達這個訊息時，潔西卡說，「請你告訴他，我喜歡那張照片，它會一直放在那裡。當時他在粉刷我母親的臥室，他刷完之後，我拿起刷子在他的頭髮上刷出藍色的痕跡。我媽和我都笑了，我們還替他拍了一張照片。它帶來了許多美好的回憶。而丹曾經是我最好的朋友。」

「他現在還是啊！」我告訴潔西卡。丹和狗兒們都過來了，他們想讓潔西卡知道，肉體的消逝不會導致分離。「丹就在你的身邊，狗狗們也是。」

接著，薩金特和蘇開始告訴我，牠們即將投胎轉世。「但我沒有，」丹插嘴，「我要待在這裡。我覺得好平靜，好快樂，好幸福。我回到物質世界的唯一方式，就是當你的狗，而我很可能會這麼做。」他補充道。

丹在說話時，我可以聽見背景有鼓聲。當我向潔西卡提到這點時，她說，「喔，天啊！丹以前老是在打鼓，那些噪音搞得全家人都快抓狂了。」

「呃，」我說，「他想讓你知道，他在靈界還是繼續在打鼓。」

「他們眞的會這麼做？」潔西卡問道。「嗯，應該是，」我回答，「因爲他跟我說，他就是如此。」

通話結束時，我看得出潔西卡感覺好多了。幾個月後我又聽到她的消息，這回，她聽起來非常開心。我的腦海裡浮現了兩隻狗的影像，一隻是黑色的拉拉，一隻是傑克羅素㹴。牠們告訴我，牠們一直在一起，但同住的人開車把牠們丟在荒郊野外，因爲他們準備要搬家了。兩隻狗狗說，牠們追著車子跑了很久，直到再也跑不動爲止。拉拉跑得比較遠，但決定回頭去找牠的朋友。牠們四處流浪，終於來到潔西卡的牧場。她發現牠們在穀倉附近吃貓的食物。牠們瘦巴巴的，於是她讓牠們住下來，還叫牠們天使和女神，因爲她說，「我相信是上帝把牠們帶進了我的生命。」

她告訴我，瑟吉馬上接納了牠們。而由於牠其實沒那麼隨和好相處，因此，她立刻懷疑這兩隻狗是不是薩金特和蘇轉世而來的。接著，她說，「我發現牠們走進屋內，就像走進自己的房子一樣，牠們知道每樣東西在哪兒。事實上，女神立刻跳上薩金特經常睡覺的椅子。瑟吉對此一點反應也沒有，就像我的兩隻狗又走回屋內一樣。當下我就知道，我把牠們接回來了。而令人驚奇的是，新的狗狗一走進我的生活，我就再也感覺不到失去薩金特和蘇的痛苦了。我還記得發生過的慘狀，但我知道牠們已經回到我的身邊。天使走過來，用和蘇以前一模一樣的方式輕咬我的手，而每次牠這麼做時，我就會給牠一個大大的擁抱。每一天，我都爲了發生在我身上的美妙奇蹟而感謝上帝。」

故事22

狗

動物間令人動容的情誼——親密無間的貝西和韓莉艾塔

凱莉和阿茱是兩位很棒的女士，她們從長期客戶變成了我的朋友。她們住在好萊塢山上的一棟迷人別墅裡，我幫她們以優雅又實用的方式妝點住處，因爲她們和十隻狗狗一起生活，其中有四隻是吉娃娃，名字分別是貝西、艾絲特、柔伊和黛西，六隻是名叫巴斯特、杜朵、阿丹、葛蒂、韓莉艾塔和荷莉的大型犬。除了一隻大狗之外，所有狗兒都是從收容所的「死囚區」裡拯救出來的。

有天，凱莉和阿茱來電時，我發覺貝西有些不對勁。她們告訴我，牠失蹤了！她們家的院子有圍籬，但牠不知怎地竟跑了出去。她們整晚沒睡地叫牠、找牠，卻一直遍尋不著牠的蹤影。

貝西身上有晶片，項圈上也有聯絡資訊，可是牠太小隻了，她們實在很擔心牠會被車

子碾過，或是被山上的土狼咬死。

當我調整頻率接收貝西的訊息時，牠告訴我，有人沒把門關上，而牠想出去看一看。我可以感覺到牠往右走，而且下了斜坡。牠也告訴我，牠穿過一道綠色的鐵門，有兩隻狗在對牠狂吠，其中一隻有一張扁臉。然後，牠傳送了一張巴哥的圖片給我。牠還說，有個女人試圖要牠走上前去，可是牠逃走了。接著，我感覺自己反覆地墜落和滾動，所以，我知道貝西從一處陡峭的斜坡跌了下去。我不確定地點在哪兒，但我知道在掉下去之前，牠繞過了馬路上的彎道。我告訴凱莉和阿茉，牠可能走得比她們以爲的還要遠，她們應該去外頭找牠。

一個小時後，她們又打電話告訴我，她們的大丹狗韓莉艾塔做了一件前所未有的事——牠跳過圍籬，匆匆忙忙地跑走了。牠和貝西的關係相當緊密，我知道牠是出去找牠的朋友。

那天晚上，凱莉、阿茉和她們的友人再次外出搜索，但就是找不到狗兒們。回到家時，她們累垮在書房的沙發上，睡到不醒人事。醒來後，她們看得出其他的狗兒們都很沮喪，因此，我花了些時間跟牠們交談，並且讓牠們知道，牠們的母親正竭盡所能地要把牠們的朋友帶回家。

過了兩天，凱莉和阿茉仍一籌莫展。她們難過得吃不下飯，只好走進廚房替自己弄兩杯果昔。當凱莉從廚房往窗外看時，她看見一隻巨型的大丹狗正跳進圍籬，嘴裡還啣著一隻小狗。韓莉艾塔找到了貝西，還把牠帶回家來。凱莉開門時，韓莉艾塔把貝西擱在她的腳邊，發出了歡樂的吠叫聲。

貝西的腿受了重傷，身體十分虛弱。凱莉和阿茉立刻帶牠去看獸醫，韓莉艾塔堅持上車陪她們一塊兒前往。貝西得留院治療，但韓莉艾塔不肯離開，因此，凱莉和阿茉讓牠留下。牠就這麼躺在貝西的條板箱旁，在那兒待了一整晚。隔天，她們才帶韓莉艾塔回家，但遺憾的是，貝西沒能撐過這一關。

貝西死後，韓莉艾塔陷入了深深的哀傷之中，一整個星期不吃不喝。因此，凱莉和阿茉決定，她們得再養另一隻小狗，希望這麼做可以幫助韓莉艾塔走出傷痛。她們打電話告訴我，她們要帶韓莉艾塔一起去收容所。當收容所的人從籠子裡抱出吉娃娃時，韓莉艾塔逕自走向其中一隻，叼起牠的頸背，然後放在她們的腳邊，好像在說，就是這隻。她們把牠帶回家裡，韓莉艾塔立刻就恢復原狀。凱莉和阿茉表示，她們確定貝西已經投胎到新狗狗的身體裡了，這就是韓莉艾塔選擇牠的原因。

「桑妮亞，」她們說，「我們永遠想不到會發生這樣的奇蹟。」

故事23

狗

你的寶貝總會找到出路——借用其他狗狗身體的莫莉

拉薇妮亞不只養了四隻大麥町，她也拯救其他的大麥町，並爲牠們尋找好的歸宿。她的其中一隻狗莫莉，最近死了。拉薇妮亞心碎不已，因爲她告訴我，她和莫莉有一種不同於其他狗兒的特殊關係，儘管她深深地愛著牠們。

如同我向她解釋的，我們都以不同的方式去愛自己的動物，但有時在生命中，我們會覺得某隻動物就像自己的一部分，因爲我們的靈魂已經以許多物質形式共度了許多前世。當其中一隻動物重返靈界的時候到了，而我們卻仍處於肉體形態時，我們就必須學會如何在靈魂伴侶失去形體的情況下，繼續在地球上生活。

我還向她解釋，很多時候，當肉體形態消逝時，動物會利用和牠們生活過的其中一隻狗，來再次體驗物質形式的生活。當這種情況發生時，你會在那隻已過世的狗和這隻還活

著的狗之間，看到許多相似之處。

「喔，」拉薇妮亞說，「有時，我的確會在科迪身上看見莫莉的習慣與特質。」科迪是一隻六個月大、被救回來的大麥町公狗，拉薇妮亞正在替牠尋找新家。而我才向她解釋過，她立刻就意識到莫莉偶爾會進入科迪的身體。現在她很擔心，因爲她沒有能力多養一隻狗，但如果莫莉要進入科迪的身體，她當然不希望科迪離開。

她還有一隻名叫賈士伯的大麥町，她說，她可以替牠找到一戶好人家。她表示，如果做得到的話，那麼她就能留下科迪了。然而，當我調整頻率接收賈士伯的訊息時，牠告訴我，牠必須和牠的朋友愛麗絲（一隻母的大麥町）在一起，因爲對方需要牠的照顧。拉薇妮亞表示，她早就想過了，因爲她知道愛麗絲不是最聰明的狗，而她也感覺到愛麗絲和賈士伯有多麼地親近彼此。如果牠們被拆散，我知道牠們一定會傷心欲絕。

我感覺拉薇妮亞家中還有另一隻小狗。她說沒錯，她想知道如果她替科迪找到了另一個家，莫莉會不會進入小狗的身體。

「我只能告訴你，拉薇妮亞，」我說，「莫莉會進入你其中一隻狗的身體。一旦牠和我們取得連結，我們的靈魂又一直共處，這隻動物就不會離開我們了。目前莫莉為了體驗肉體形態的生活而共用科迪的身體，但牠還沒有完全投胎轉世，所以並不會永遠進駐在科迪的身體裡。牠還在進進出出。這就是爲什麼有時你會注意到，科迪正在做一些和莫莉完全相同的事。

「比方說，我的其中一隻狗赫曼，牠吃飯時會推著碗在廚房地板上到處跑。我其他的狗兒們從來不會這樣做。我以前就常常問牠，是不是帶著碗在散步？然後，等牠吃完了，牠會叼起空碗，把它放在自己的狗床旁邊給我洗。赫曼過世以後，我的另一隻狗開始做同樣的事，而知道赫曼還在身邊，讓我相當開心。我知道這並不表示牠已經投胎轉世了，不過我的另一隻狗莎莉，有時願意讓赫曼借用自己的身體。當動物們一起生活又十分親近時，這種事情是有可能發生的。」

知道即使爲科迪找到了新家，她也不會失去莫莉，著實讓拉薇妮亞安心不少。「你覺得莫莉最後會搬進小狗的身體裡嗎？」拉薇妮亞問道。

「無論牠決定怎麼做，」我說，「你都會看到牠進入你其中一隻狗的肉體形態。我不能肯定地說牠會是哪隻小狗，然而一旦替科迪找到新家，你就會知道，因爲莫莉還是想體驗住在身體裡的感覺，還是想要牠仍在身體裡時與你有過的同一種接觸。當這樣的事情發生時，你會知道的，而且你會很開心地知道牠不會離開你。」

故事24

兔

毛小孩會回來療癒主人的悲傷——愛挖地道的佛羅西和瑪西

動物的靈體經常來夢裡找我們，一如佛羅西與瑪西的個案。這兩隻可愛的小兔子，和我的固定客戶安吉和她的先生大衛住在一起。

安吉和大衛都很喜歡他們的兔子。我第一次和這些小兔子溝通時，牠們告訴我，大衛在外面的花園裡替牠們圍了一塊漂亮的地。牠們也喜歡待在室內，可是當牠們在花園裡時，牠們喜歡聞聞草地的氣味，並在地面上挖洞。

我告誡過安吉一件事，如果她把兔子們留在外頭的兔欄裡，牠們會開始挖地道，因爲這是牠們的天性。「喔，桑妮亞，」她說，「我們總是緊緊地盯著這兩隻兔子，從不曾把牠們單獨留在家裡。不過夏天時，我們喜歡帶牠們到外面，讓牠們可以待在自然的棲地上。想當然耳，佛羅西和瑪西也喜歡這樣。」

她還解釋，大衛在草皮底下鋪了磚塊，這樣，牠們就沒辦法眞的挖過頭了。但到目前爲止，他們還沒看見任何兔子想挖地道逃跑的跡象。我認爲這是一個好主意，可是我說，他們還是得提高警覺，因爲有時兔子的本能會出現。

接著，我再次調整頻率接收佛羅西和瑪西的訊息。牠們又告訴我，牠們有多麼喜歡樹木和草地，還說安吉和大衛經常帶牠們出去玩。牠們還向我細數所有探望過牠們的人，以及安吉的母親說過，她認爲養兔子當寵物很荒謬。牠們說她很霸道，雖然安吉和大衛很高興見到她，但也很高興看到她離開。

兩個星期後，我接到另一通安吉和大衛的來電——佛羅西和瑪西失蹤了，他們心急如焚。他們外出度假，把兔子交給大衛的父母照顧。不幸的是，他父親突然心臟病發作，他母親趕著送他去醫院時，把兔子留在外頭的兔欄裡過夜。安吉和大衛縮短行程，隔天上午就打道回府，但佛羅西和瑪西卻已不見蹤影。原來牠們想挖地道出去，結果從附近的院子冒出來，被鄰居的狗給咬死了。

我跟安吉和大衛說的第一句話是，他們不該對發生這種事情感到內疚。意外並不存在，兔子的靈魂已經完成了牠們在地球上的功課。

儘管安吉和大衛仍沉浸在深深的哀傷中，但他們又養了兩隻兔子，這回，他們發誓絕不讓牠們走出家門一步。此時，佛羅西和瑪西都過來了，而且牠們相當興奮。「這樣很好，」牠們說，「現在，我們有兩個新的身體了！」接著，牠們開始爭論誰要進入哪隻兔子的身體。

「聽好，」我說，「其實這一點都不重要。牠們都有美麗的身體等著你們進去。」

當我告訴安吉和大衛，佛羅西和瑪西會回來時，他們顯得激動不已。他們一直希望這樣的事能發生，可是他們無法確定。因此我解釋，這可能需要一些時間，因爲變成靈體之後，牠們得從頭習慣一次身體的重量。我建議安吉和大衛幾個星期後再打電話給我，這樣我才能和牠們溝通。

我們下一次交談時，安吉說的第一件事情是，「牠們已經回來找我們了，桑妮亞。」接著，她繼續解釋，佛羅西和瑪西到夢裡找她。她坐在一片漂亮的公園草地上，看見牠們朝她跑來。陽光明媚，還有一汪美麗的湖泊，她正想著這個地方有多美時，就看見牠們在一起奔跑和玩耍。「我知道牠們在靈界很快樂，」她說，「我可以感覺到愛和幸福，而且我很快就知道牠們身在天堂。牠們朝我走來，然後又轉身跑進了陽光裡。」安吉說，這是她頭一次感覺得到了療癒。

安吉和大衛養了新兔子大約六個星期後，我再次跟他們兩位交談。這時，他們對佛羅西和瑪西回來的事情已經沒有絲毫懷疑了。「這真的很神奇，」安吉說，「牠們的個性一模一樣，做的事情也完全相同。」兔子們可以在屋內自由走動，而安吉把牠們的飼料碗擺在和佛羅西與瑪西同樣的地方。令她驚訝的是，這兩隻新兔子完全知道該去哪裡吃飯。「桑妮亞，這就像是養了一模一樣的兔子，」她說，「請你告訴牠們，我們有多麼高興牠們決定回來這裡。」

故事25

狗

來自天堂的承諾——重返人間的泰勒

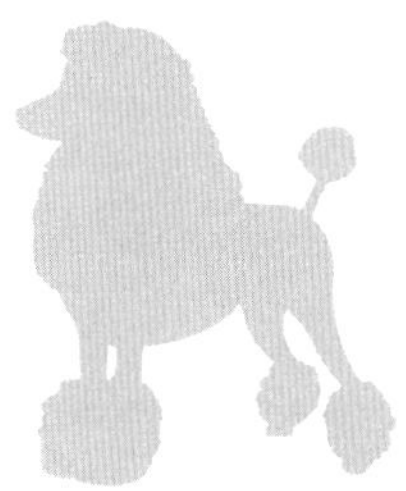

泰勒是一隻迷你貴賓。貴賓狗是最聰明的犬種之一，而泰勒在貴賓狗裡，還是聰明的資優生，既迷人又忠心耿耿。牠也是一隻相當成功的展場狗。當泰勒年紀還很小、才剛開始學習如何在賽場上展現自己最棒的優點時，有時不太能明白大家對牠的期待，因此，我經常和牠說話。泰勒的母親達娜是我的固定客戶兼朋友，她養了許多展場貴賓。

在許多討喜的特質當中，泰勒的健談是其中一項。牠喜歡和我說話，牠經常說，我沒道理直接和牠的兄弟姊妹說話，因爲牠會告訴牠們我所說的一切。不過牠也非常貼心，當我說我想直接和牠們交談時，牠向來都會同意。牠愛牠的狗狗家族，和達娜也十分親近，牠和她共度過好幾世，但牠和牠的狗哥哥小銀，有很特別的連結。泰勒相當好勝，而且樂於當一隻展場狗。可是對狗而言，這種生活很辛苦，牠得不斷地被梳理，經常跟著指導手東奔西走，還必須在板條箱裡待上好幾個小時，因此一旦退休，光是待在家裡和其他的家人相處，牠就覺得很幸福了。

達娜把所有的動物都照顧得很好，所以，牠們都非常的健康和長壽。但泰勒十六歲時，有天我調整頻率接收牠的訊息，覺得牠有些不對勁。我告訴達娜，我認爲牠不太舒服，她表示同意，因爲她注意到牠一直垂著頭。「泰勒告訴我，」我說，「牠一點體力也沒有，老是想睡覺。而且我覺得牠的腸子有些不舒服。」

達娜帶牠去看獸醫，獸醫告訴她，泰勒有內出血，建議她讓泰勒安樂死。

泰勒告訴我，牠知道自己的時候到了，因爲牠感覺所有貴賓朋友的靈體都前來協助牠回去，牠說牠很高興能離開身體。牠還要我告訴達娜，牠會試著儘快回來找她。我說，「嗯，你知道的，你有選擇權。等你到了那邊之後，你可以決定要不要回來。」我向泰勒保證，我會讓達娜知道牠說過的話。

泰勒過世後，我第一次和達娜談話時，看見牠和所有狗狗朋友的靈體在一片色彩鮮明的草地上玩耍。光體形態的牠，看起來真的非常快樂。「達娜，」我說，「在你知道之前，泰勒就明白自己快要離開了。但牠了解，當時就算告訴你，你也可能不會接受。」她說，「對，你說得沒錯，我沒辦法面對現實。」

接著，她想知道泰勒會不會回來找她。我說，泰勒曾告訴過我，牠會再回來。「我無法給你一個期限，」我說，「因爲那裡沒有時間。但在你有生之年，你會與有形體的牠再次相聚。」

一年後，達娜決定養一隻新的小狗。她打電話給我時，顯得喜出望外。「我把牠帶回來了，」她幾乎是對著話筒大喊，「我知道這是泰勒，因爲我帶這隻小狗回家時，其他每一隻動物都認出了牠。尤其是小銀，牠知道這是牠弟弟，牠對這隻小狗狗特別溫柔。而且我一帶牠回家，小銀就立刻走向牠，開心地跟牠打招呼。」

「小銀絕不離開小狗的身邊，」達娜說，「小狗狗一直依偎著牠，牠們總是睡在一起。小銀通常不太理會年紀較小的狗，因爲小狗會跳到牠的身上，把牠惹毛。看到牠們團聚，我實在太高興了。」

故事26

貓

毛小孩的意見也要聽——很有裝修概念的凱莉

唐諾的朋友不多，但他很愛他的貓咪凱莉，而且大部分的時間都和牠在一起。他和我預約了固定的時段，這樣他才能跟凱莉溝通，並持續了解牠心裡在想些什麼。凱莉告訴我，唐諾是個生活規律的人。他每天早上都會出門去當地的咖啡館買早餐。他總是點兩顆蛋和鬆餅，上班前他會先回家，還會外帶一片鬆餅給牠。「我愛吃鬆餅，」牠說，「但我也想吃蛋。」於是從那時開始，他同意爲凱莉外帶一份鬆餅加蛋。

凱莉還說，唐諾每天早上出門上班時都會親親牠的頭，告知他幾點會回來。有時，他還會在午餐時間回家，然後跟牠一起分享漢堡。每天夜裡，他們則是會上有貓咪防墜功能的露台，而他總會拿著一杯酒。有天，唐諾打電話給我，說他計畫要重新裝修公寓。這間房子之前一直是他母親的，而且眞的需要好好翻新一番。唐諾和母親十分親近，她的名字是愛麗絲，我們在進行解讀時，她偶爾會過來。事實上，凱莉還告訴我，唐諾白天去上班時，愛麗絲的靈體有時會過來造訪並陪伴凱莉。無論如何，唐諾知道凱莉會受到他的公寓裝修計畫干擾，他要我問問牠感覺如何。他還要我告訴牠，公寓裡有裝修工人時，他不會把牠單獨留下。他打算向公司請假，這樣他才能回家陪凱莉，並確保牠的安全。

我建議他把計畫告訴凱莉，好讓牠覺得自己參與了這個過程。唐諾認爲這個想法很棒，還說他想買一台新的冰箱和瓦斯爐，然後在廚房裡安裝花崗岩的流理檯面。「喔，我知道他真的很想要那些檯面，」凱莉說，「但他爲什麼要一台新的瓦斯爐呢？我知道這會讓房子更好看，而且它永遠不會變髒。問題是，他從來不下廚啊！他只會外帶食物回來。」當我向唐諾轉述這些話時，他笑著說，「你知道嗎？凱莉說得沒錯。或許，我根本用不到爐子。」

接著，凱莉想知道他還有什麼計畫。唐諾表示，他想重做浴室，裝一組新的淋浴設備，這樣對他們兩個都好。我告訴凱莉這件事，然後問牠在完工前，有沒有特別想更動的。「嗯，」牠說，「我希望廚房的牆壁是藍色的。」唐諾說，牆面現在就是這個顏色，他一直很想把它們換掉，但他同意在客廳裡漆一面海軍藍的牆，其他的牆面則漆成白色，凱莉認爲這樣很可愛。現在，牠眞的參與了房子裝修的整個過程。牠要我告訴唐諾，牠還想要一條藍色的新毯子。「沒問題，」他說，「還有什麼吩咐嗎？」

「請告訴唐諾，我需要一些新的老鼠和新的球，還有棒子上的那些東西。我們以前有一個，可是他有段時間沒玩了。」唐諾聽了不禁大笑，接著告訴我，因爲被他弄壞了，但肯定會再買一個給凱莉。

凱莉還想在浴室裡擺一塊地毯。當唐諾說他會放一塊新的地墊讓牠坐時，牠開心極了，因爲牠總是跟著他進浴室。他接著說，他眞的很想鋪木地板，他要我問凱莉可不可以。「什麼是木地板？」牠問。我向牠解釋了一番，牠不是很滿意。牠說，牠眞的很想鋪地毯。

唐諾於是同意改鋪地毯，可是當我們討論到鋪地毯可能對動物有毒時，他問我能不能讓凱莉接受木地板和一塊地毯。他說，他有一塊他母親留下來的古老東方地毯可以擺。因此我向凱莉解釋，鋪地毯可能會有毒，有段時間味道聞起來會很可怕，凱莉便同意鋪木地板和一塊地毯就好。

在這整個溝通過程中，我一直忍住笑意，因爲它聽起來完全像是先生和太太在爭論他們的居家布置。

最後，我建議唐諾，這所有的工程不僅極度吵嘈，還會打亂他們兩個的生活，所以，他和凱莉在完工前最好能暫時搬離住處。他認爲這個想法很棒，他要我讓凱莉知道，施工期間他們會住在別的地方，而當他們回到家時，一切都會變得又新又漂亮。

裝修的過程一切順利，他們都很愛自己的新空間。大約一年之後，唐諾打電話來讓我知道，當時將近二十歲的凱莉，身體狀況越來越差。牠有腎臟問題，而且呼吸困難，唐諾知道自己必須讓牠安樂死。「我不想讓牠走，」他告訴我，「但我不忍心看著牠受苦。牠陪伴了我這麼多年，我不能這樣對牠。」

唐諾傷心欲絕，而且想知道我的想法如何。我告訴他，如果凱莉是我的貓，我會讓牠安樂死。「對我而言，這就夠了。」唐諾說，「請你告訴凱莉，我會協助牠繼續下一段旅程。」

幾個月後，當唐諾打電話給我時，凱莉和唐諾的母親也一起過來了，現在，凱莉由她接手照顧。「我知道牠跟我母親在一起。」他說。他母親要我告訴他，她們經常過去探望他。唐諾說，他知道。

「沒有凱莉，我的人生永遠不一樣了。」唐諾說，「但牠過世之後，有天夜裡我哭著上床睡覺。最後我睡著了，卻被牠的喵喵叫給吵醒。我急忙坐起身子，然後看到凱莉和我母親站在我的腳邊。只有那麼幾秒鐘而已，不過，我可以感覺到牠壓在我身上的重量，這讓我知道牠仍在我的身邊。我一直睡得不太好，但那次之後，我進入了牠過世後最平靜的睡眠狀態。我還是想念牠的形體，但失去牠的痛苦不再那麼難熬了。」

故事27

狗

放手，只爲了再重聚——一週內就回來的米蘭達

有時候，知道你的寵物會回來，是讓你願意放手的催化劑。當十二歲的羅德西亞背脊犬米蘭達被診斷出癌症時，大衛打了一通電話給我。他徹底地心碎了，他告訴我，米蘭達是他最好的朋友，他從沒像愛牠這樣地愛過另一個人類。他的女友泰咪也在線上，她完全同意大衛所說的。

「他愛米蘭達比愛我還要多，」泰咪說，「不過我了解。這其實也是我愛他的原因之一。」

「我不知道牠離開時，我要怎麼面對和應付，」大衛說，「我們從沒分開過。牠從來不曾被單獨拋下。我養牠的第一天，牠就睡在我的床上，從此以後，牠都跟我睡在一起。」

我看得出來，米蘭達的時候快到了，因此我告訴大衛，我要調整頻率接收牠的訊息。米蘭達立刻就過來了，牠要我告訴大衛，牠會回來找他。

「喔，拜託，拜託，」他止不住地抽泣著，「叫牠一定要回來。牠眞的會回來嗎？」

我向大衛保證，米蘭達一定會，而且牠告訴我，牠很快就會重返人間。

「你自己也的確知道牠快走了，不是嗎？」我問。「我感覺牠的時間快到了，但牠被下了很重的藥，所以現在沒有任何痛苦。」

大衛說他知道，他不想讓牠在十二歲的年紀接受化療。我告訴他，他非常無私，而且他必須記住，身體只是我們在地球上旅行時的交通工具。沒有死亡，也沒有分離，我們是透過能量彼此連結。他說他了解，但他還是會非常想念牠的形體。因此，米蘭達再次告訴我，請他儘快再養一隻狗，因爲只要他這麼做，牠一週之內就會回來。

接下來，大衛每天都打電話給我，直到米蘭達過世爲止。他不想給牠安樂死，而我看得出來牠並沒有受苦，但牠已經開始進出牠的身體了。最後，大衛決定請獸醫來家裡讓牠安息。他說，他抱著牠，所有的朋友都和牠在一起，並爲牠進行了一個動人的悼念儀式。

米蘭達過世前不久，大衛告訴過我，他小時候在義大利待過一段不算短的時間。我的指導靈說，他前世住在那裡，他和米蘭達曾經是兄弟。當我告訴他這一點時，大衛表示，他每次離開義大利時都很哀傷。他爲了工作跑遍世界各地，但他對其他地方從未有過同樣的感覺。他要我告訴米蘭達，等牠回來以後，他們要一起去義大利。

米蘭達死後，我有一星期沒有大衛的消息。接著，他來電告訴我，他養了一隻小背脊犬，而他知道，米蘭達回來了，因爲我告訴過他，當他這麼做時，痛苦就會消失。現在，他眞的不再感到哀傷了。

故事28

狗

決定權在寵物身上——想要改當小狗的布巴

席亞住在紐約，是一名專業的歌劇演員。我以前經常和她美麗的比熊犬布巴說話。布巴相當聰明伶俐，席亞和牠有著極爲強大的情感連結。牠也非常健談，又很有幽默感。布巴很愛跟我分享在上次交談後所發生的點點滴滴。牠對自己的母親十分自豪，還告訴我，她的聲音有多美，以及牠有多麼喜歡她將牠的名字放在一首特別的歌裡獻給牠。事實上，席亞是歌劇演員就是布巴告訴我的。

當布巴終於老死時，席亞傷心欲絕。她和我預約了時段，想跟牠的靈體說說話。她說，她不確定布巴會不會投胎轉世，但她還沒做好另養一隻狗的準備。「嗯，」我說，「我們得找出答案，因爲有時牠們不會回來人間。但如果牠們度過了美好的一生，通常都會很高興地回來。」布巴立刻就過來了，而且牠對發生在席亞身上的事情——她去過的餐館、她剛買的漆皮鞋子，還有她與朋友共進的晚餐，似乎仍瞭若指掌。牠跟我講了一堆八卦，然後突然開始告訴我一間新房子的事。「席亞，」我說，「布巴正在告訴我的房子是什麼？」

「喔，」她說，「我父親在康乃狄克州買了一間房子。」

「原來是這樣啊。」我說，「布巴跟我說了很多那間房子和裝修的事，像是他們安裝了很漂亮的流理台，以及牠有多麼喜歡那些牆壁的顏色。」布巴忽然成了室內設計師。和牠聊天真是愉快。

牠還告訴我，有個包商收了牠外公的錢，但事情還沒做完就消失無蹤。布巴告訴我，牠外公說那人不老實，但牠不懂那是什麼意思，所以我只好解釋給牠聽。席亞笑著說，上回她和她爸見面時，一直在討論這件事情，只是她沒意識到布巴竟然這麼聰明。「一點都沒錯，」我說，「牠真的很聰明。很多狗狗都很聰明。現在牠正告訴我，牠想回來。我可以理解。如果我過得是布巴的生活，我也會想要回來。牠表示，牠很抱歉不得不離開，但牠實在撐不下去了，而且當時是你母親帶牠過去的。」

幾個星期後，席亞預約了另一個時段要和布巴交談。她電話還沒打來，我就知道她想養另一隻狗了。因此，我一拿起電話便說，「布巴就坐在我的床腳。（我眞的很幸運，能有一份可以坐在床上接電話，客戶還會自動上門的工作。）牠告訴我，牠知道你準備再養一隻狗，而且牠打算回來。」

「只有一件事，」布巴說，「我不要再有那些毛了。我討厭一直去美容師那裡。我想要漂亮，但我不要再有那些毛了。我想要小到可以被抱起來。」

席亞最後養了一隻查理斯王小獵犬，她叫牠亨利。她一直告訴我，亨利是一隻非常貼心的狗，但她還沒在牠身上見到布巴。我解釋說，牠們並不總是直接進入身體。亨利只有三個月大，等布巴進去，說不定要一歲了。「現在，」我說，「你看到的只是一隻又愛叫、又難照顧，還會在地板上到處撒尿的小狗狗。養小狗是件苦差事，但我們都會忘記，直到又養了一隻才會想起來。」

於此同時，布巴還是一直從靈界對我們說話。牠告訴我，牠不想再經歷小狗長成大狗的過程了，牠要等小狗受過一些訓練後再進去。用道地的布巴風格，牠在這方面眞的非常搞笑。

之後，席亞又跟我做了好幾次解讀。有天，她說，「我覺得布巴快進來了。我開始看見一些跡象，那些是牠以前會做的事。我覺得牠一直在進進出出。」於是我解釋，在靈界待過的動物，有時必須花上一段時間才能習慣地球上的振動。身體很沉重，靈體卻十分輕盈，所以，牠得花些時間才能適應這種變化。

席亞眞的很高興看見布巴回來的跡象，但她接著說，「喔，桑妮亞，一旦布巴回來了，我就不能再跟還是靈體的牠說話了。」我說，完全沒錯，所以她得拿定主意，看她想要哪種方式，因爲布巴不會永遠來來去去。牠越來越常進入身體，但席亞仍難以割捨這些對話，因爲牠一旦進入新的身體，就和我們一樣不再擁有前世的記憶。換句話說，布巴不會記得牠當過布巴。我們都有前世，動物和人類都有，但我們就是不記得。最後，席亞下定決心，她希望牠回來。而現在，布巴又在亨利的身體裡和她相聚了。

故事29

狗

學到沉痛的教訓——不再需要形體的朱諾

蘿珊是我的電視節目《寵物溝通師》的製作人，我們在那之後就一直是朋友。她和她的母親養了八隻傑克羅素㹴，蘿珊外出時，至少會把其中一隻帶在身邊。

有天，她哭著打電話給我。她用伸縮牽繩在紐約市區遛她的其中兩隻狗——朱諾和詹姆斯。他們在紅燈時止步，但蘿珊的大拇指沒按住控制鈕，結果朱諾跑到街上，被計程車撞了。她一手抱起牠，一手抱著詹姆斯，在車上目睹整個過程的女乘客叫她趕緊上車，說會送他們去獸醫那兒。然而不幸的是，朱諾有嚴重的內傷，蘿珊不得不讓牠安樂死。

蘿珊當然責怪自己用了伸縮牽繩，因爲她知道我有多麼討厭這種東西，而它們又有多麼危險。可是，我告訴她，讓自己感覺比現在更糟，眞的毫無意義。「對，那些牽繩很蠢，我討厭它們，但你和我一樣清楚，朱諾的時候到了，無論你做什麼，都無法改變這種情況。我們來到世上都是有原因的，時間到了，我們的靈魂就會回到靈界。意外並不存

在，雖然對我們而言它似乎存在。」

她依然哭個不停，接著，朱諾開始從靈界過來。我告訴蘿珊，我可以看見牠和其他死去的狗狗們在一起。她則表示，仍在她身邊的狗狗，都在爲朱諾哀悼。「是的，」我說，「動物會像我們一樣表達哀傷。牠們想念朱諾的形體，但牠們知道牠在靈界不會有事。」接著，我說，「蘿珊！小木偶來了！」我在做電視節目時，小木偶成天和蘿珊在一起，我們視牠爲吉祥物。現在，牠在我身邊跑來跑去。牠是個了不起的靈魂，我和蘿珊一樣喜歡牠。「喔，桑妮亞，」她說，「牠是不是很棒！」

於是，我們回憶了一下小木偶是多麼棒的一隻狗，我們有多麼地愛牠。然後，我說，「蘿珊，牠和朱諾在一起。」

「喔，」她說，「這讓我感覺好多了。我知道牠還在我的身邊。」

「嗯，」我說，「我希望你能看見牠的靈體。你所有的狗狗們都聚在一起跑來跑去，還跳過彼此的身體。現在，你阿姨也過來了，她帶了一隻黑狗。」

「喔，」蘿珊說，「她眞的很愛那隻狗！」

「嗯，」我說，「她告訴我，她很高興能在那裡和牠團聚。現在她抱起朱諾，用力地親了牠一下。」

知道這一點，讓蘿珊感覺好多了，可是她說，「我一直看見朱諾被計程車撞死的畫面。我就是無法將它趕出我的腦海。我也對詹姆斯感到很抱歉，因爲牠也看到了這一幕。」於是，我開始和詹姆斯說話。我解釋說，朱諾在一個美麗的地方，不過，牠當然已經知道了，因爲動物就是會知道。「蘿珊，」我說，「詹姆斯完全能夠了解，而且朱諾在你身邊時，牠可以感覺得到。牠想知道爲什麼自己再也看不到牠的形體了，因此我向牠解釋，肉體只是我們暫時搭乘的交通工具而已，等時候到了，我們就會回到靈界的家。我們在過去的好幾輩子做過很多、很多次這樣的事。」詹姆斯似乎可以理解，因爲牠告訴我，牠可以感覺到朱諾就在身邊，卻看不見牠，而且牠看起來不太一樣。我告訴牠，這完全正確。當你和其他狗狗感覺到牠時，牠就在那裡，只是有所不同。這讓所有的狗狗，包括詹姆斯在內，都感到十分平靜。

「喔，桑妮亞，」蘿珊說，「學著去過沒有牠們的日子，實在太艱難了。」我當然可以理解這一點。「你已經做過很多次了，蘿珊，」我說，「我也是。但別人奪不走的是你們共度時光的美好回憶。朱諾就在你的身邊，牠和你在一起，牠說你正在跟牠說話。」

「沒錯，」她說，「確實如此，因爲我一直覺得牠就在我旁邊。」

接著，幾週後，蘿珊又打電話給我。她養了一隻新的小狗，我可以聽出她聲音裡的喜悅。「我認爲牠回來了，」她說，「你可以看看是不是牠嗎？」

「喔，朱諾嗎？」我說。「不，」蘿珊說，「是小木偶！」

「喔，蘿珊，」我說，「我眞是爲你感到高興。」

然後她開始告訴我，她帶回這隻小狗時，很想知道有沒有哪隻狗會進入牠的身體。很快地，她開始注意到牠會做些只有小木偶做過的事。小木偶會用後腿站立，兩隻前腳上上下下，像在走路似的。而她才剛把這隻小狗帶回家裡不到兩天，牠就開始這麼做了。小木偶也經常用牠的頭去頂蘿珊，因此當小狗開始這麼做時，她知道小木偶已經回來了。

「你知道的，蘿珊，」我說，「我們和自己深愛的動物，關係永不結束。沒有任何尾聲，只會有新的開始。」

第 6 章

這種事，
爲什麼會發生在我的寵物身上？

故事30

狗

發生這種意外，不是你的錯——不希望你自責的布默

當心愛的人突然意外身亡或英年早逝，總是會比某人在度過漫長而充實的一生之後才離世，更令人難以理解和接受。對疼愛動物同伴的我們而言，牠們永遠死得太早，因此，當牠們因爲意外或疾病而提早離世時，尤其教人悲痛欲絕。但即使動物的死亡似乎爲時過早，對離開身體的靈魂而言，它卻有其原因且來得適時——是留下來的我們說「牠死得太早」，但對往生者而言，卻永遠不會太早。

傑克在他的拉拉布默被車撞了以後，立刻與我聯絡，他簡直痛不欲生。他告訴我，他們像平日一樣在樹林裡奔跑，布默一如既往地沒繫牽繩。傑克叫牠時，牠總是會回來，但這天牠肯定是分心了，可能是在追松鼠，而傑克也沒有意識到他們有多麼接近馬路。當他聽見尖銳的煞車聲，就像他告訴我的，他的心跳差點停止。他大概只花了幾秒鐘便狂奔到

路上，卻感覺時間彷彿靜止不動，而當他飛快地衝出樹林時，布默正躺在一輛貨車前方，貨車司機在牠身邊來回踱步並反覆大喊，「牠突然跑到我前面，我無法及時煞車。喔，老天爺！我停不下來啊！」

即使我們正在交談，傑克仍不停地重複說著：「全都是我的錯。我不該讓牠離開牽繩。我應該意識到我們離馬路太近了。這全是我的錯。我永遠無法原諒自己！」

首先，我向傑克保證布默是當場死亡。布默告訴我，牠立刻就離開了身體，因此不必躺在那兒受苦。接著，我試圖解釋，傑克必須停止自責，因爲他做什麼都無法阻止那天所發生的事。

花了這麼多年與靈界溝通，我學到的一件事情就是，意外並不存在。我們每個人或動物都有離開人世的時候，任何人都無法阻止我們踏上這條路。

布默進入傑克的生活是有原因的，當他們相處的時間到了，牠也會基於某個原因而離開他。

「我知道對你而言，現在說這些，並不會使失去牠變得較容易被接受，」我說，「但你必須停止自責。布默不希望你這麼做。牠要你知道，牠在那裡很快樂，而且牠仍舊與你保持聯繫。」

布默說，牠知道傑克一定很難相信，因此，爲了證明自己還存在，牠對我說了一些牠經常和傑克一起做的事，像是去附近的咖啡館卻坐在外面（布默憤憤不平地表示，這是因爲「狗禁止入內」）。牠還告訴我，傑克總是與牠共享他的早餐，而牠最愛吃的是磅蛋糕。牠說，牠很喜歡自己在過世前幾週剛參加過的慈善健走。

我在講述這些細節時，傑克倒抽了一口氣。他當下便確定那場意外沒把布默帶走，牠絕對仍是他生活中的一部分。

故事31

貓

當遊戲玩過頭時——教我們學習「寬恕」的喬治

瑪麗非常喜歡動物，她從鄰居那兒救了兩隻貓。那戶人家的貓口已成長到十四隻，並且持續增加中。那些貓在附近街坊四處遊盪，成了十足的眼中釘，有人向動保單位投訴這位鄰居，於是某天晚上，他們就過去把貓帶走了。但事發之前，瑪麗已經接手了兩隻，她帶牠們去結紮，替牠們取名爲喬治和葛蕾西，還給了牠們一個溫暖的家。她另外還有兩隻狗，起初狗狗讓貓咪有些緊張，但牠們漸漸習慣了彼此，相處起來還算融洽。

有一天，瑪麗的妹妹海倫來探望她，而悲劇就此發生。瑪麗來電時哭到不能自已，我幾乎聽不懂她在說啥。「都是我的錯，都是我的錯！」她哭個不停，而我可以看見一隻貓的靈體。我告訴她，那隻貓在我身邊。她立刻便止住哭泣說，「喔，桑妮亞，請告訴牠，我很抱歉。我永遠不會原諒自己。只要我還活著，就永遠無法把這些影像趕出我的腦

海。」

我感覺那隻貓被嚇壞了，牠死得很慘。事情的經過是，海倫帶了最近剛從收容所領養的混種拳師犬黛西去瑪麗家。海倫很高興能領養牠，等不及想把牠介紹給瑪麗和瑪麗的狗。起初牠們處得還不錯，但黛西對貓咪表現出某種興趣，一看到牠們就會變得非常興奮。貓對瑪麗的狗狗習以爲常，狗狗對貓也是如此，但瑪麗和海倫並未意識到，將一隻新來的狗兒帶進混居的動物裡，需要多麼地小心。她們確實斥責了黛西，但牠仍試圖去追逐貓咪。

最後，牠終於穩定下來。而當晚，瑪麗和海倫決定出去吃晚飯，把動物留在家裡。她們知道黛西一直追著貓跑，卻沒想到要把牠們關進不同的房間裡。

我在大約一星期前才替海倫解讀過，當時她剛領養黛西，我知道牠早期過得相當辛苦。牠很高興終於有了好歸宿，可是因爲牠被遺棄過，進收容所前又在野地裡生活了一個月左右，因此，牠學會了獵食松鼠和兔子。

那天晚上，姊妹倆吃過晚飯回到家時，房子裡散發出濃烈的臭尿味，家具也被撕得粉碎，而且到處濺滿了血跡。黛西想必又開始追起貓來，而瑪麗的狗以爲這個遊戲很好玩，於是也加入了。葛蕾西比較不容易受到驚嚇，牠堅守立場，弄得狗兒們對牠興趣缺缺，所以牠才能順利地跑去躲起來。喬治就不同了，牠被嚇得拔腿就跑，而牠越是跑，狗就越愛追牠。牠們越追，情緒就變得越亢奮，結果一開始只是好玩的事情，最後卻演變成了攻擊行爲。而終於抓住喬治並致牠於死地的，正是黛西。儘管並不常見，但新來的狗狗剛進屋時，有時的確會發生狗殺死貓，或是對另一隻狗進行攻擊的情形。你必須知道這是有可能發生的，特別是如果新來的動物是一隻救回來的狗，而你又不清楚牠曾經歷過什麼事的話。

那天晚上，瑪麗和海倫用過晚飯回到家時，瑪麗的狗在那兒，但她們遍尋不著黛西。最後，她們在床底下發現了死去的貓。喬治全身濕答答的，黛西爲了讓牠活過來，似乎一直在舔牠。瑪麗和海倫告訴我這一切時，雙雙在電話裡抽泣。

「我甚至無法直視黛西，」海倫說，「我知道牠非常懊悔。牠知道自己做錯了。牠一直黏著我，然後去床底下哀嚎，不過我想，我對牠不可能再有同樣的感覺了。」我告訴海倫，她必須學習原諒，只要了解她絕不能再讓黛西接近貓咪就好。

瑪麗說，她甚至無法忍受再踏進臥室一步。「你得做的是，」我說，「徹底改造那個房間。把地毯拿出去，藉此改變能量，然後鋪上不同種類的地板。更動床的位置，讓房間看起來煥然一新。」瑪麗說她眞的很想搬家，但那不是她的選項。我爲她清理了能量，她表示她會按照我的建議進行更動。

海倫和瑪麗一直問我：「爲什麼？爲什麼會發生這種事情？」我告訴她們，黛西和喬治在前世一定有些必須在今生解決的問題。「不過，」我說，「通常像這樣的事情發生時，好事也會跟著降臨。」

「喔，桑妮亞，」瑪麗說，「海倫和我從未如此親近過。這齣悲劇確實令我們休戚與共。我們有過爭吵與分歧，卻不曾有過稱得上親密和友愛的關係。我們不曾公開對彼此表達情感，現在卻抱著對方哭泣。我從沒想過會發生這種事情。」

當瑪麗告訴我這些時，喬治和一個女人一起過來，我感覺她死於癌症。「喔，」姊妹倆異口同聲地說，「那是我們的媽媽！」我看得出來，她們的母親把喬治攬在懷裡，身邊還有其他三隻貓咪。她希望女兒們知道，她很高興能離開身體，那三隻貓也一直等著要見她，一隻是黑的，一隻是條紋的，第三隻是橘貓。「喔，」她們說，「那是小黑，白色的是山姆，我們以前叫那隻橘貓樂樂。」她們突然變得很興奮。

「嗯，」我說，「樂樂在你母親的腿上爬來爬去。」

「喔，」她們哭了，「樂樂以前經常把自己掛在我媽的脖子上，我媽會在脖子上圍著貓的情況下，走來走去地做家事。」

「而且，」我說，「她和那隻剛過世的貓咪在一起，她正在親牠的頭。」

「謝謝你，謝謝你，」海倫和瑪麗都哭了，「你讓我們感覺好多了。」

「不，」我說，「不是我。我只是接受和傳遞訊息而已。你們的喜悅來自於你們的母親。她很高興能與你們交談，她說，『每個人都以爲我死了，不過我沒有。我的身體可能是，但我還在這裡。』」

然後，她們的母親說，「請告訴她們，我知道她們早上不喝咖啡就無法開工。」因此，我說，「你們的媽媽告訴我，每天早上你們一喝咖啡就很來勁。」

「一點都沒錯，」她們笑著說，「我們愛喝很濃的咖啡。」

「嗯，」我說，「她要你們知道，明天早上以及之後的每天早上，你們喝咖啡時，她都會陪著你們。就算你們不在一起，她也做得到，因爲一旦成了能量體，我們就能非常迅速地旅行，而且確實可以同時出現在兩個地方。她還告訴我，所有的貓咪都和她在一起。」

此時，有一隻拉布拉多過來了。「喔，」海倫說，「那是我養的最後一隻狗；我好喜歡那隻狗。」

「嗯，」我說，「牠在一個美好的地方。」我終於聽見她們聲音中的喜悅。最後，她們的媽媽說，以前女兒們吵架時，總是令她心煩，她告訴她們，「你們再也不會像以前那樣了。你們會永遠相親相愛。會發生這個可怕的經驗是有原因的。它很不幸，但人生就是如此。這隻貓和這隻狗教你們的是，你們必須學會原諒。你要善待那隻狗。動物總是不計前嫌，所以你也必須寬恕。你們得原諒彼此，這樣你的貓才不會白死。」

我經常告訴人們，我希望他們能見我所見，因爲他們心愛的動物與人，都以靈體的形態存在；他們脫離了痛苦，只與平安喜樂共存。等你過去時，你將發現它難以置信的美好。

故事32

狗

由天堂毛小孩促成的羅曼史——發揮奇妙作用的迪克西

長久以來，令我最驚奇的一次解讀，始於黛安娜的來電，因爲她的查理斯王小獵犬查理在屋內到處尿尿，她要我叫牠別再這麼做了。嗯，以我的經驗，狗狗在屋內亂尿尿通常是人的問題，而不是動物的問題，結果，查理的狀況確實如此。當我調整頻率接收牠的訊息時，牠說牠媽媽非常愛牠，卻長時間把牠單獨留在家裡，也沒有如牠所願地帶牠去散步。我告訴黛安娜這些事情時，她說她早上沒空遛查理，不過她會讓牠自己去院子裡玩耍。當我進一步詢問她時，她說查理從早上八點就開始在屋內獨處，直到她晚上六點下班回家爲止。

我試圖向她解釋，查理不只是孤單而已，她還要求牠去做一件連她自己都做不到的事，那就是每天憋尿十個小時。我試著想出各種解決方案，從代客遛狗、日間托育到大小

便訓練，但黛安娜一直找出各種理由說明我的方法行不通。我簡直忍無可忍，正準備告訴她，她是在浪費自己的時間和金錢，除非她能做點什麼來解決她所引起的問題。突然間，我看見一隻狗的靈體過來了。她傳送愛給黛安娜並告訴我，牠沒有活得很久，因為牠被車撞了。

當我把這件事情告訴黛安娜時，她說，「喔，桑妮亞，那是迪克西，牠是我小時候的狗。我一直沒能從失去牠的哀傷中走出來。有天我放學回家時，牠已經不見了。我爸媽告訴我，牠跑掉了，但我們從來不知道牠究竟發生了什麼事。我還是會想起牠，我媽也還會聊到牠。」

我向她保證，迪克西說牠很快就死了。牠表示事情發生在教堂附近，還傳送了一個影像給我，裡面是有尖塔的白色教堂。黛安娜立刻知道那是什麼地方。「那裡離我家大約有一點六公里。」她說。

「嗯，」我說，「迪克西告訴我，有個男人發現了牠的屍體，然後把牠埋在自家院子裡。牠給我看一間棕色的木屋，後面有一座大家會去散步的公園。」

「我知道那間房子，」黛安娜驚呼，「那間房子就在白色教堂附近。我得告訴我媽這件事！她還住在我們以前養迪克西的房子裡，而且很清楚牠講的那間房子在哪裡。」接著，她說，「靈體能發揮奇妙的作用，是嗎？」

我說，「沒錯，親愛的，確實如此。如果你去遛狗的話，這件事也能發揮奇妙的作用。」她笑著說，她會去做，因此，我請她讓我知道查理的進展。

幾個月後，黛安娜預約了另一個時段。她一拿起話筒就說，「桑妮亞，上回我們談話時，你真的給了我當頭棒喝，而且那是我絕對需要的。我只是還沒想到要以查理的觀點來思考。」我喜歡她這樣的說法。接著她說，她一直帶查理去散步，也確保牠更常被帶出家門，而不是單獨留在家裡這麼久。當然，一如我的預期，她說亂尿尿這件事已經不再發生了。她還表示，她在遛查理時減輕了一些體重，這也讓她變得更加快樂。

接著她說，「我媽媽也在這裡，她想跟你說話。」於是我向她母親問好，她則謝謝我告訴她們迪克西所發生的事，然後便告訴我另一個驚人的故事。在黛安娜告訴她迪克西的事情之後，她說她開始懷疑自己該不該過去那間牠被下葬的房子，看看是不是還住著同樣的人。「於是，」她說，「有個星期天，我過去按了門鈴。我眞的覺得很蠢，但我還是做了。一個很親切的男人來應了門，我說，『你可能會認爲我瘋了，不過我想請問你，你是不是在這裡住了很久？』他說對，因此我接著說，『許多年前，你是不是在教堂附近發現了一隻死掉的狗？』他看了看我，然後說，『我想你最好進來一下。』他表示，他的確發現了一隻死狗，那是一隻黑白的狗，他把牠埋在後院裡，就在自己的狗旁邊。他說他叫約瑟夫，當時他的狗蘿拉剛過世幾個月。他在埋葬迪克西時告訴蘿拉，牠不會再孤單了，因爲他在牠身邊埋葬了一個朋友。『你可能會覺得我很蠢，』他說，『但我老婆和我眞的很愛我們的動物。』接著，他問我怎麼會知道迪克西在那兒。

「這時，我又說了一次，『我知道你現在眞的會以爲我瘋了。』然後我告訴他，你和迪克西溝通過，還跟黛安娜說牠就在這裡。我不敢相信他竟然沒翻白眼，反而還說：『喔，桑妮亞．費茲派崔克。我老婆和我都很喜歡她，我們絕不錯過她的任何節目！』

「接著，他帶我去那兩隻狗被埋葬的地方，牠們的墳墓附近開著美麗的玫瑰。他說，他爲每隻狗都種下一株玫瑰。妻子過世時，他也爲她種了一株。」

我告訴她，在英國，我們常爲心愛的動物或人種上一株玫瑰，以紀念他或牠的死亡，而那些玫瑰總是會開出花園裡最美麗的花朵。然後，她又宣布了最後一則消息。

「嗯，桑妮亞，」她說，「約瑟夫和我處得很好，他問我改天能不能和他共進午餐。事情一件接著一件發生，現在我們已經搬進新家了。我要謝謝迪克西爲我們牽了線。」

我知道事情不會無緣無故地發生，所以，我想應該是靈體以某種方式安排黛安娜打電話給我，好讓迪克西能過來促成她母親晚年的羅曼史。

故事33

狗

送給毛小孩正面的能量——接受光療癒的布奇

凱文打電話給我，因爲他非常擔心他的狗布奇，牠是一隻美麗的混種獵犬。牠的淋巴結異常腫大，獸醫找不出原因。他給布奇吃抗生素，但似乎沒什麼幫助。「我不曉得該怎麼辦才好，」凱文說，「我覺得布奇快死了，可是牠才五歲大。」

當我調整頻率接收訊息時，我感覺布奇有嚴重的化學中毒。牠傳送了一張草地、湖泊和野餐桌的影像給我，說那裡就是事發地點。我告訴凱文時，他悲痛欲絕。「天啊，桑妮亞，」他說，「都是我的錯。我完全知道那是哪裡。那是布奇最愛去的地方，因爲牠喜歡在湖裡游泳。可是大約一星期前，我們去那裡散步時，他們正在噴草皮。我等他們噴完便穿過公園。我當時沒想到，但我敢肯定那就是讓布奇生病的化學物質。牠的脖子腫得好大，幾乎快要跟牠的臉一樣大。」

「嗯，至少你現在知道是怎麼回事了。」我說，「你可以把牠帶回去給獸醫看，不過我認爲毒素會行經整個系統。自責無濟於事，這只是意外而已。或許抗生素會有幫助。」

「牠撐得過去嗎？」凱文想知道。我從來不作預測，但我建議他帶布奇去針灸。我還告訴他，我會把牠放進我的宇宙療癒圈裡。每當動物生病時，我都會請求這麼做的許可。我會跟我的指導靈湯普森醫師和偉大的靈媒愛德加．凱西合作，他們會把磁場線的一端連接至動物頭頂的脈輪，再將另一端連接至我的療癒圈，然後透過那條線，發射美麗的藍色和紫色療癒色彩，藉此協助療癒動物的身體。

「你必須積極正面地面對，」我說，「因爲念力非常重要。如果你一直想著，『喔，老天爺，我的狗快死了』，你就必須把這種負面能量轉變成爲正面的。你必須有正向的感覺，因爲布奇會感受到這股正面的能量，然後認爲自己會好轉。所以，我們現在一起做個療癒的觀想。我要你觀想一道正向、有療癒力的白光，注入了布奇的頭部，經過牠的頸部來到手臂和雙腿。現在，看著白光變成一道清潔液，流經牠所有的器官，並將毒素全數排出。現在，看著那道光變成藍色。藍色是很有療癒力量的顏色。看著藍光注入牠的頭部並行經所有的器官，和剛才白光的做法一樣，然後特別留意牠的淋巴腺。跟淋巴腺說話，因爲身體的每個器官都有獨立的意識。告訴它們，它們會好好的，腫脹即將消退。看著那道光停留在牠的身上，我的療癒圈會日日夜夜爲牠發送療癒的能量。」

接著，我說，「你還可以做點別的事情。你聽過靈氣嗎？」凱文表示說他沒聽過，因此我解釋它與觸療有關。「把你的手放在布奇身上，」我說，「在你施作之前，請求上帝讓療癒能量可以透過你而發揮作用。一天做個幾次。你不會傷到牠，但是能協助牠療癒，我也會持續與我的療癒圈合作。」

隨後，凱文說，「你知道嗎？桑妮亞，我以前從沒做過這種事情，但感覺很不錯。」

「嗯，」我說，「這也是你的功課之一，時間對了，老師就會出現。所以，繼續進行我們剛才做的事情吧！讓我知道布奇的進展。」

幾天後，我收到凱文寄來的電子郵件，他說布奇所有的腫脹都消退了，恢復得很好。雖然布奇沒有活到很老，但牠在身體裡面多待了三年，凱文始終認爲這是意料之外的巨大獎賞。現在，凱文自己也成了一位很棒的療癒者。

故事34

貓

應該幫貓咪去爪嗎？——好想回家的克拉倫斯

黛比有兩隻美麗的暹羅貓，名叫蘇菲和克拉倫斯。她非常愛牠們，她告訴我，她認爲牠們是她「穿了毛外套的兒女」。有一天她在上班時，工人來替廚房安裝新的流理台卻沒關上後門，於是克拉倫斯從屋子裡跑出去，她因此傷心欲絕。黛比以爲她把兩隻貓都關進了臥室，可是她說，克拉倫斯一定是趁她回去拿車鑰匙時，出其不意地溜了出去。蘇菲和克拉倫斯向來是室內貓，黛比心急如焚，她找了又找，但就是找不到克拉倫斯。

這兩隻貓都去過爪，這表示克拉倫斯在全然陌生的環境下毫無防備能力。黛比哭著告訴我，她一直很小心，而且從不相信牠會離開家門。現在，她不知道牠是死是活。

當我調整頻率接收訊息時，我感覺克拉倫斯跳出了院子的木圍籬往右走。我可以透過牠的眼睛看世界，而且我感覺牠下了一道斜坡。我像牠一樣聞到青草的氣息，並開始從牠

身上體會到某種自由的感覺。我還感覺到，牠走得比黛比以爲的還要遠。她告訴我，她在附近街坊張貼了許多傳單。我說，這無疑是個好主意，因爲如果有人看到傳單而他們又關心動物的話，一定會密切注意。但克拉倫斯已經失蹤四天了，而黛比還沒收到半點消息。

我開始接收克拉倫斯的心靈感應圖像，而且我可以用身體感應出牠走過的方向，就彷彿我在牠的身體裡一樣。我告訴黛比，牠還活著，我感覺牠躲在一塊木甲板或門廊下方，不肯出來。貓咪迷路時會躲起來，就算你叫牠，牠也不會現身。然而，克拉倫斯告訴我，牠越過了一個十字路口。我聞到了汽油味，感覺腳底下有堅硬的地面。此外，牠還傳送了一隻黑色大型拉布拉多的影像給我，我從牠身上感受到強烈的恐懼。牠沒命地狂奔，狗則是在後頭追牠。

我把這件事情告訴黛比，她說她知道我講的是哪隻狗，因爲牠總是從自家院子偷跑出來。「幸運的是，」我說，「克拉倫斯有本事甩開那隻狗。牠跑得比你以爲的遠很多。牠在一塊老舊的分割地產上。我可以看見一層樓和兩層樓的磚造房屋。」我也看到一幢灰色的兩樓房舍，我知道它最近剛粉刷過，因爲我聞到了一股未乾的油漆味。克拉倫斯在露天平台下面。房子的後面沒有圍籬，但有一座噴泉。晚上，牠會跑出來去噴泉那兒喝水，然後再回到露台下面。牠眞的在吃蟲子。牠以前從不需要獵食，所以牠不曉得該怎麼辦。

我收到一個影像，那是一只漂亮的碗。克拉倫斯告訴我，黛比最近剛換過牠的碗，牠很喜歡上頭印的貓掌。牠還告訴我，家裡有一隻超大的玩具老鼠，牠會叼著它四處跑。

「喔，我的老天，」黛比說，「牠確實如此。牠很愛那隻老鼠。」

我經常發現，動物迷路時會告訴我家裡的事，因爲牠們眞的很想回家。克拉倫斯問我是不是貓，我告訴他，我是貓，但我也是人類，我很小的時候，有貓教我說牠們的語言。

我感覺牠鬆懈下來，而且我聽見牠在笑。牠知道黛比爲了找牠而找上我。

我告訴黛比，克拉倫斯至少在一點六公里遠的地方，牠在一個沒有圍籬的院子裡，地面是斜坡，背對著一條排水溝。我還知道那間房子被漆成了灰色。我告訴黛比，她得出去找牠，而這可能需要一些時間。我還告訴她，面對水溝時，房子的左側有一道籬笆。我說，她找到這間房子時，自然就能認得出來；但即使克拉倫斯聽見她在叫牠，牠也不會出來。「牠在一個全然陌生的環境裡，」我說，「牠會恢復與生俱來的求生本能。」

我請她帶一個不會致命的陷阱，裡頭擺一些食物，然後再收集一些克拉倫斯的尿液，等她找到這間房子時，把它灑在露台上，這樣，克拉倫斯才能聞到自己的味道。

「還有，」我說，「牠現在告訴我，你有時會給牠吃鮪魚，牠很喜歡，所以，你過去時必須帶著鮪魚和一些乾糧。等你找到那間房子時，晚上你得在那兒坐上幾小時，因爲牠覺得那時最安全。帶一件你的衣服，要又髒又臭的那種，然後把衣服和乾糧、鮪魚一起放進陷阱裡。別指望你能馬上抓到牠。」我也請黛比在找到那間房子時，知會我一聲。

一個星期後，我收到黛比寫來的電子郵件，她說她找到那間房子了，那裡的住戶見過克拉倫斯，還爲牠在外頭擺了乾糧。她問他們能不能拍張照片，好讓她確定那就是克拉倫斯，結果還眞的是牠。這本身就是一個巨大的突破。他們設下陷阱，卻抓到一隻虎斑貓、一隻浣熊和一隻負鼠，到目前爲止還沒抓到克拉倫斯。黛比晚上坐在外頭叫牠，但牠還沒出現。我只能請她耐心等待，別做任何會讓牠更害怕的事。我還說，牠越是熟悉自己的所在地，就越有可能現身。

黛比再次來電時，我請她停個兩、三天別餵，請那間房子的住戶也不要餵，這麼一來，等她恢復餵食時，克拉倫斯就會因爲非常飢餓而比較願意出來。但黛比不是很想這麼做，於是我說，「你到底想不想把貓找回來？」我表示，既然克拉倫斯已經習慣看到陷阱了，現在對牠所處的環境也更加熟悉，等牠肚子夠餓時，或許很快就會出來。最後，黛比同意照辦。

第三天晚上，我設好鬧鐘，在天色微亮時就起床了。我開始和克拉倫斯溝通，鼓勵牠，然後告訴牠，沒問題的，牠做得到，我會陪著牠，而且牠必須在其他動物得到食物之前先弄到手。我覺得牠出來了，接著我感覺自己被囚禁，我認爲牠進了陷阱。

過了一會兒，我在喝咖啡時，從牠身上感受到一股很強烈的恐懼。牠告訴我，籠子外面有一隻大狗。但我有信心屋子裡的人會發現那隻狗，因此，我傳送了冷靜和信心的訊息給牠。我很快就感覺到牠如釋重負，因爲那些人已經出來把狗趕跑了。一個小時後，我接到黛比的電話，她說她抓到克拉倫斯了。

然而，不幸的是，兩、三個星期後我接到另一通電話。黛比的母親當時住在她家，她去倒垃圾時把門開著，嚐過自由滋味的克拉倫斯又逃跑了。你可能會認爲在經歷過那些遭遇之後，牠應該不會想再出去，但事情並不總是如此。

這次，克拉倫斯沒能安然度過，而我不得不告訴黛比，我不認爲牠還活著。牠顯然是向左走，而不是向右，然後被一隻狗給攻擊了。我能想到的只是，如果牠有爪子就能爬樹脫身了。去爪不僅極爲疼痛，還讓貓咪在外出或意外離家時無法保護自己。許多人認爲如果替貓咪去了爪子，貓就不會出去，遺憾的是，這絕非事實。

現在我溝通的是克拉倫斯的靈體。當黛比問起時，牠讓我知道，牠完全沒有把發生的事情怪到她頭上。牠在靈界很快樂，也很平靜，而且牠不打算再投胎轉世了。

故事35

狗

在狗項圈上註明電話號碼——被槍殺的布魯諾

珍妮來電時，我立刻看到眼前有兩隻黃色的拉拉，我可以感覺到其中一隻在靈界。珍妮哭著說，「對，那是布魯諾，牠被射殺了。另一隻是露西，我不知道牠在哪裡，但很高興知道牠還活著。」

狗兒們告訴我，牠們每天都能自在地奔跑，珍妮證實確實是這樣沒錯。「我早上都會把牠們放出去，」她說，「但牠們總是會回來。」

我知道許多住在鄉下的人會這麼做，但動物外出時，牠們並不知道自己在哪兒，而且肯定不知道牠們有沒有遇上什麼麻煩。布魯諾告訴我，牠在倒地不起以前一直跑得飛快。

那天發現布魯諾和露西都沒回家時，珍妮的丈夫出去邊吹口哨邊找牠們。最後，他聽見布魯諾的叫聲，便將牠帶上卡車送去看獸醫。布魯諾告訴我，牠在醫院裡待了好幾天，但正如珍妮所解釋的，牠對麻醉藥反應不良，所以沒能熬過這關。

珍妮責怪獸醫，但正如我向她解釋的，布魯諾在地球上的時間已經到了，是該讓牠離開身體的時候了，任何人對這種情況都無能爲力。她還要布魯諾告訴她是誰開的槍，好讓她去跟殺狗的人當面對質。但我再次解釋，首先，讓她的狗在別人家的地產上奔跑，就是讓牠們身陷險境；其次，布魯諾被射殺而倒下時，甚至不知道自己被開了槍，更不用說會知道是誰幹的好事。

我們在交談時，珍妮的母親也過來了，她說她和布魯諾在一起。她還開始告訴我，她有一條特別的裙子，目前是珍妮在穿。

「沒錯，」珍妮驚呼，「我經常穿那條裙子，每次這麼做，都讓我覺得很開心。」

「唔，親愛的，」我說，「你的母親告訴我，你穿起來比她好看。她還跟我說，她和布魯諾坐在你家窗邊的棕色皮椅上。」

「喔，」珍妮說，「那是我先生的老位子。那是布魯諾最愛的椅子。」

「她最好提醒她老公，別一屁股坐在我們身上。」她母親笑著插了話。

那時，珍妮感覺好一點了，但她對露西失蹤的事實仍感到心慌意亂。

我調整頻率接收牠的訊息時，感覺牠已經跑了一段很長的距離。

「露西在一個小鎮上，離你們發現布魯諾的地方不遠。」我告訴珍妮，「我可以看到轉角有一家麥當勞，它靠近一間骨董店和一間窗上掛著格子窗簾的咖啡館。」

「喔，桑妮亞，」珍妮說，「我恰好知道那是哪裡。」

「嗯，」我說，「我覺得露西在那個鎮上，而且有人在餵牠。牠睡在門廊上，那是一間有木瓦片的舊房子。那裡還有一隻小黑狗在跟牠玩。既然你知道那個鎮在哪裡，我認爲如果你們去發傳單的話，應該會得到回應。只要確保傳單大到足以讓人看到，而且在人來人往的地方就行了。」

珍妮一再向我道謝，說她和先生會立刻去進行。幾天後她來電告訴我，她找到露西了。她接到一個女人打來的電話，她說她一直在餵的那隻狗，看起來和海報上的一模一樣。當珍妮和先生去接露西時，他們發現這女人還養了一隻小黑狗，牠和露西一起跑過來迎接他們。

我告訴珍妮，我眞的很高興聽到這個消息，但我忍不住責備她沒有在狗項圈上註明電話號碼。如果人們發現一隻項圈上有電話號碼的狗，他們很可能會立刻撥打電話。如果狗沒有身分證明，他們就不知道該打給誰，特別是在鄉下，他們很可能會以爲那隻狗是被主人棄養的。

故事36

狗

永恆的瞬間——出現在書房的小紅和麥斯

萊諾是個非常特別的人。我一拿起話筒和他說話，就立刻感覺到他的能量，而我喜歡這種感覺。他告訴我，他住在科羅拉多州的山區，日子過得多少有點像個隱士。與他同住的還有四隻救回來的狗——兩隻名叫海蒂和哈羅德的黑色拉拉、一隻名叫莎拉的標準型黑貴賓、一隻名叫大兵的傑克羅素㹴，另外還有一隻是他在遛其他狗時發現的狼犬，牠當時正在山間獨自徘徊，於是他把牠帶回家裡，取名爲貝拉。我感覺大兵和莎拉特別親密，萊諾表示，牠們倆眞的是形影不離，而且總是睡在一起。

我看得出來，萊諾在靈界還有兩隻狗，其中一隻看起來像羅威納，另一隻似乎是德國牧羊犬或混種牧羊犬。萊諾證實這兩隻，我都說對了。他說那隻牧羊犬叫小紅，羅威納則是麥斯。小紅和麥斯立刻同時說話，牠們說話時，我還聽得見鋼琴演奏。小紅和麥斯告訴我，萊諾是一位作曲家。

接著，我看見一名年輕女子朝我走來，她的靈體被耀眼的白光所包圍。我知道她是萊諾的妻子吉兒。我看得非常清楚，她有一頭深色的長髮，身材非常苗條，穿著藍色牛仔褲和白色上衣。她向我表示，她在車子撞上一棵樹並突然起火燃燒時，當場死亡。我告訴萊諾，小紅、麥斯和她一起在靈界。接著，吉兒要我告訴萊諾，他們的時候到了，這是命中注定的事，所以，他必須好好地活下去。當車子撞毀時，狗狗和她都在車裡，他們一起離開了塵世。

當我轉達這則訊息時，電話線的另一端沉默不語，我可以感覺到萊諾的悲傷。

「狗兒們和吉兒在一起，」我說，「而且她相當平靜。她要你知道這一點。我希望你能像我一樣看見他們，我希望你可以感受到他們的喜悅和平靜。」

「我知道，」萊諾說，「謝謝你，但這仍無法減輕我的傷痛。我和吉兒在一起非常幸福，她過世時穿的那件白色上衣是我買的。她出門時下著傾盆大雨，車子在路上打滑，撞上了一棵樹。我知道我得繼續前進，但我還是覺得好難。我賣掉了我們同住的房子，搬到山上來住，因為那兒有太多痛苦的回憶。我和狗兒們可以在山上找到某種程度的平靜。如果不是牠們，我不認爲我還能活著。我曾經想過要結束自己的生命，但我不能這樣對待牠們。請告訴吉兒，我愛她。」

「可是，萊諾，」我說，「你的狗告訴我，牠們經常看到吉兒。她待在家裡陪著你，狗兒們老是盯著她看。」

「你知道嗎?桑妮亞，」萊諾說，「有時，我察覺牠們會突然跑掉，彷彿跟著某人似的，我知道牠們跟的是吉兒。我的確知道她和我們在一起。」這是我第一次聽見他笑。「不久前的一個晚上，其中一隻狗突然跑走，另一隻已經睡熟的狗兒也忽然坐直身子，跟在牠後頭飛奔。我當時就知道是吉兒來看牠們了。」

「每天晚上，」他繼續說，「我都會和狗兒們去陽台上看山景，這麼做能給我活下去的勇氣。我感覺到來自山的能量，我知道我在這裡是有目的的。」

我可以看見那隻貴賓狗用後腿站著在他身邊跳舞。萊諾說，牠老是這樣。「牠們全都給了我某種特別的愛，也給了我每天起床的理由。只要牠們在這裡，我就永遠不會孤單。

「結婚紀念日那天，吉兒和我總是和狗狗們一起慶祝，我們會享用牛排和冰淇淋。在她過世後的第一個結婚紀念日，我和狗兒們做了同樣的事。淚水滾下我的臉龐，我知道她和我們在一起。狗兒們都在我的身邊，美麗的貝拉走過來舔了舔我臉頰上的淚水。然後，另一隻狗去拿了牠最愛的玩具，丟在我的腳邊。我們待在陽台上，而我注意到所有的狗狗都回頭望向書房。牠們非常警覺，卻沒有吠叫。接著，我就明白爲什麼了。我看見小紅和麥斯在書房裡，牠們有了形體，我簡直不敢相信。然後有那麼一瞬間，我看見一道白光，而吉兒就在那裡。他們都有形體，但一瞬間就消失了。」

「你有靈視，」我說，「靈視就是這樣。我自己也有。他們在那兒，然後又消失了。你會懷疑這是不是眞的發生過。」他說，完全正確。

接下來，他繼續說，「整間書房籠罩在這種平靜的氛圍下。我覺得它穿越了我，我知道狗兒們也感覺到了。那是永恆的一瞬間，從那天起，我感覺好了很多。它永遠改變了我的生活。當你告訴我分離並不存在時，我明白你的意思。但它稍縱即逝，我好希望它能再次發生。」

「唔，萊諾，」我說，「有時它不會。只要爲它曾發生過那麼一次而開心就好。要知道這是眞的，而且吉兒還在那裡。」

萊諾很幸運能經歷這種視覺上的顯化，它可以證明吉兒持續出現在他的生活當中。但無論你是否眞的見過靈體，我都能明確地向你保證，那些在靈界的動物和人類仍繼續存在。

故事37

貓

引導迷路的毛小孩回家——遠離家園的凱蒂小姐

任何人能經驗到最痛苦的情況之一，就是失去動物，而尋找失蹤動物則是我做過最艱難的工作。這份工作讓人筋疲力竭，因爲我必須把自己放進動物的身體裡，好讓我從牠的角度去體驗世界。我運用所有的身體和情緒感官，並接收人類同伴與那隻動物的所有憂傷。而這份工作不會在一個小時後結束；它幾乎是一週七天、一天二十四小時地持續到動物回來爲止——但有時牠們不會回來。

救援過許多動物的琳達和喬治，是善良又有愛心的好人，他們打電話給我是因爲他們的貓咪凱蒂小姐失蹤了，而他們認爲牠已經死了。他們告訴我，即使我說牠是靈體，也能帶給他們一些平靜。情況不明令他們無法忍受。凱蒂小姐是一隻老貓，我可以感受到他們對彼此的愛意。當我感應牠的身體時，我知道牠還活著。我覺得自己正在奔跑並環顧四周，而且我感覺有兩隻狗在追我。琳達證實，她的兩隻狗當時正在玩，其中一隻狗把凱

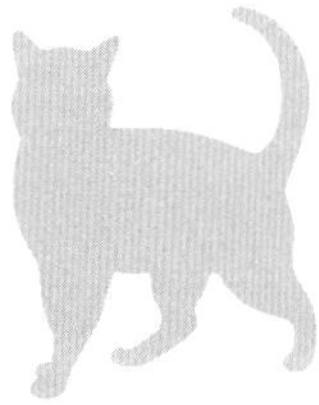

蒂小姐追出了花園，那是牠常待的地方。「嗯，」我說，「幸好牠是一隻白貓，白貓很顯眼。所以如果有人看到牠，他們很可能會記得牠。」

我知道凱蒂小姐是從房子後面消失的。我感覺到草地、樹木和灌木叢，我覺得自己在矮樹叢裡緊貼著地面。凱蒂小姐告訴我，牠年紀越來越大了——我感覺到牠的關節有些發炎——所以平常都待在院子裡，但那隻粗魯的狗卻去追牠。牠不知道自己走了多遠，但我感覺大約是兩公里半。琳達和喬治很驚訝牠居然跑了這麼遠。接著，牠傳送了加油站的影像給我，牠說牠一直和其他三隻貓一起吃飯。我告訴琳達和喬治，牠活得好好的。牠去了一個轉角的加油站，那裡似乎有人在餵牠。喬治說他會馬上趕去那裡。

後來，我的外孫女愛蜜莉來我家玩。我們總是一起瀏覽我當週聯繫過的動物照片。這一回，當她拿起這隻白貓的照片時，她說，「外婆，這隻貓很漂亮。」我說牠確實很美，然後告訴她這隻貓名叫凱蒂小姐。「嗯，外婆，」愛蜜莉說，「牠在加油站裡。可是牠並不快樂。牠真的很愛牠的家人。」

我告訴她，我也覺得凱蒂小姐在加油站，牠的父親會去那裡找牠。愛蜜莉告訴我，凱蒂小姐正試著靠自己找到回家的路，牠問我們能不能幫牠。因此，我們花了一點時間告訴牠該怎麼走。

後來喬治打電話告訴我，他去了加油站，服務人員證實他一直在餵凱蒂小姐和其他三隻貓。但牠和其中一隻貓已經好幾個晚上沒出現了。「喔，」我說，「我一直在和牠溝通，我覺得牠已經在回家的路上了。」

我再次調整頻率接收凱蒂小姐的訊息，並請牠在白天移動，天黑後找個安全的地方躲起來，因爲可能有更多會傷害牠的肉食動物出沒。我認爲牠了解我的意思，而且還有點緊張。

幾天後，琳達和喬治接到一通鄰居打來的電話，說他在院子裡看到凱蒂小姐。他知道那是牠，因爲他見過喬治和琳達在附近街坊張貼的傳單，上頭有牠的照片，他說牠看起來和照片裡的一模一樣。「嗯，」我說，「她快到家了。這眞是太好了。」當另一位鄰居在花園裡看到牠時，琳達和喬治相當興奮，他們開始在附近街坊走動，並不停地呼喊牠。但貓咪不會因爲你叫牠，牠就出來。牠們就是不會。牠們和狗不一樣。

凱蒂小姐讓我知道，牠有聽見媽媽的聲音，這讓牠非常開心，不過牠緊張到走不出藏身之處。牠讓我看見牠躲在門廊下面，但我不知道是哪一個。喬治四處察看，可是沒看到牠。他們設了一些陷阱，然後守著，同時間他們又和我預約了另一次解讀。

我知道凱蒂小姐還在附近，當牠又被目擊時，甚至離家更近。我告訴他們，我會再和牠合作，並引導牠走上回家的路。琳達告訴我，牠最近一次被目擊的地點，當晚我便和牠合作了數小時，告訴牠該走哪條路，同時讓牠知道喬治和琳達眞的很希望牠能快點回家。

幾個星期後，我收到一封電子郵件，他們讓我知道凱蒂小姐一直沒回來，並謝謝我為了幫忙所做的一切。可是，琳達說，他們設下陷阱想捕捉凱蒂小姐，最後卻救了一隻美麗的小流浪貓，現在，牠已經成了家中的一份子。這眞是教人心碎，畢竟凱蒂小姐已經離家裡如此接近了。但我在讀信時，看見牠的靈體朝我跑來，我知道是一隻土狼咬死了牠。我打電話給琳達，讓她知道凱蒂小姐在一個美麗的地方，而她則告訴我，他們救援的小貓被發現時已經餓了好久。牠現在恢復得很好，他們還以我的名字爲牠命名。我讓琳達知道，是靈界的凱蒂小姐將那隻小貓帶到她和喬治身邊的，而且凱蒂小姐的靈體會永遠和他們在一起。「謝謝你，桑妮亞，」琳達說，「我們眞的知道。」

故事38

鼠

學習「原諒」的一堂課——活力滿滿的山姆和弗蘭妮

有一天，一個名叫西莉亞的女人打電話到電台節目告訴我，家裡的兩隻狗咬死了小女兒克蘿伊的寵物鼠山姆和弗蘭妮，她女兒傷心欲絕。她不睡覺，整天哭，連飯也不吃。我問西莉亞，我能不能和克蘿伊說話，她便把話筒交給了克蘿伊。克蘿伊告訴我她今年十歲，老鼠死掉是她的錯，因爲她上學時應該更小心地把臥室門關好。狗狗進了房間又撞倒籠子，她回到家時，老鼠已經死了。

西莉亞稍後又回到線上，她說克蘿伊甚至不肯和狗狗講話，或是跟牠們有任何互動。我要她讓克蘿伊回到線上，並向小女孩解釋，對狗而言這是遊戲，牠們並不了解自己做了什麼。老鼠十分嬌小、纖弱，那些大狗只是想和牠們鬧著玩。「你知道嗎？」我說，「你眞的不能再養老鼠了，因爲當同一間房子裡有大型動物時，小型動物就有可能發生這種事

情。對你和你母親而言，要再冒險經歷同樣的事情也太令人難過了。但我看得見老鼠的靈體，牠們在一起，而且還在你的身邊。」

克蘿伊只是一再重複說，她無法原諒自己，也無法原諒她的狗。「我再也不想理牠們了。」她說。

這時，我意識到克蘿伊太難過了。在電台，我只能爲每位來電者貢獻一小段時間，而這個問題對我而言太過龐大，因此，我請西莉亞把電話號碼傳送到我的網頁，我們可以約個時間私下談談。我向克蘿伊保證，我們在交談時，她的小老鼠一定會過來和她說話。

當我們再度談話時，我說的第一件事情就是，「你的小老鼠正在一起玩耍，你知道的，牠們依舊充滿活力。牠們還向我展示一張粉紅色的漂亮床鋪，上面有小仙女的圖案。」克蘿伊說，「喔，那是我的床。我以前常把牠們放在床上，跟牠們一起玩。」

「嗯，你看，牠們還是看得到你，而且牠們愛你。牠們告訴我，牠們很遺憾你這麼難過。牠們還說，希望你和你的狗狗能重拾友誼。你不讓狗狗進房間，讓牠們很傷心，因爲牠們眞的不知道自己到底做錯了什麼。」

於是克蘿伊要我告訴小老鼠們，她會和狗狗恢復友誼。我看得出來她有好過一些，我告訴她，我要送她一本我寫的書，那本書會教她如何與動物說話。

「喔，」克蘿伊說，「我確實有試著跟牠們說話。」

「嗯，」我告訴她，「我覺得你有特異功能，我知道你做得到。」

一直在旁邊聽我們對話的西莉亞接著表示，克蘿伊眞的會和動物說話，有時還會告訴她，她覺得其中一隻說了這個或那個。我告訴她，許多小孩都有通靈天賦，可是等到年紀漸長又受人嘲笑之後，他們便會停止嘗試。「好吧，我不笑。」西莉亞說。

於是我再次告訴克蘿伊，她的朋友在靈界充滿了活力，牠們總是急著和她說話，因爲她非常特別。「牠們只和你相處過一段很短的時間，牠們說，牠們希望你不要再哭了，你必須重新開始吃眞正的食物，因爲你最近只吃了冰淇淋。」此時，我聽見西莉亞倒抽了一口氣，她說，「喔，我的老天，她最近眞的只吃這個！」

「還有，」我說，「老鼠們告訴我，你以前都用美麗的瓷碟子餵牠們。」克蘿伊笑著說，「沒錯。我用茶具裡面附的碟子餵牠們，那是奶奶買給我的。我好愛牠們喔！我以前還特別爲牠們做過蛋糕。」接著，她又哭了起來，她說，「我好想念牠們！而且我一直在臥室地板上看見牠們小小的身體。我無法將那個畫面趕出我的腦海。」

「我知道，親愛的，這很正常，」我向她保證。「但最後你會好起來的。你必須記住，你發現牠們時，牠們不在身體裡面，牠們已經去靈界和所有的朋友團聚了。當你還在身體裡時，你很難放下牠們的形體，但你知道牠們仍在你的身邊，你可以感覺得到。而且牠們告訴我，牠們現在跟著你到處去，連學校都去。牠們還跟我說，你很聰明，但運動方面不太行，你不喜歡在學校操場上跑步。」

「對，我眞的不喜歡。」她說。西莉亞笑著說，「沒錯，她永遠不會是運動型的。」

「嗯，」我繼續說，「老鼠們都在天堂，而且牠們告訴我，你每天晚上替牠們禱告時，牠們都陪你窩在床上，舒服地靠著你的枕頭。」

那時，我看得出來克蘿伊感覺好多了，她說她又和狗狗說話了。因此我再次解釋，那不是牠們的錯。「人生就是會發生這種事情，」我說，「而且你小小年紀便開始學習。你的老鼠教了你很重要的一課。」

「哪一課？」克蘿伊問。

「嗯，」我說，「牠們教你去原諒。當你生狗狗的氣時，感覺不是很好，對嗎？」她同意這讓她感覺很糟。

「所以，現在你已經原諒牠們了，」我說，「你感覺如何呢？」

克蘿伊表示，「這讓我覺得很開心。」

「你知道嗎？」我說，「老鼠走進你的生命，就是爲了教你這些。你在生活中必須學習原諒。每當生命中有不好的事情發生時，請記住，這就是你的小老鼠教過你的。」

此時，西莉亞接著說，「克蘿伊，告訴桑妮亞，你看見了什麼，告訴她你在車上看到的。」

克蘿伊說，「喔，我好興奮喔！我們在開車，我抬頭望著天空，我看見我的小老鼠變成了雲的樣子。牠們的模樣好清楚。我知道那絕對是牠們。所以，我很確定牠們在天堂。」

故事39

貓

不是每件事都有答案——脫不了身的茅草

人們打電話給我時，說的第一件事情，往往是他們不知道自己的人生目標。而我的回答向來是，這是他們必須自己去發現的東西，而不是由我來告訴他們。然而，葛蕾絲沒有這種問題。她是個可愛又大方的女人，爲了改善野貓的生活而盡心盡力。她自費替牠們絕育或結紮，好讓後代不至於持續繁衍，然後再把牠們放回棲息地並固定餵養牠們。此外，她也養了幾隻室外貓及兩隻名叫茅草和里歐的室內/戶外貓。

有天上午，葛蕾絲來電時顯得悲痛欲絕，我立刻感覺茅草去了靈界。「喔，桑妮亞，」她開始說，「這都是我的錯。」

「不，葛蕾絲，」我阻止她繼續說下去，「你是我認識最有責任感的人之一，這不是你的錯。茅草去了牠該去的地方，牠會在另一邊繼續生活。」

當我告訴她這一點時，茅草過來了，牠開始告訴我，牠以前住在屋內，但有天葛蕾絲把牠趕了出去，不讓牠回來。

「沒錯，」她說，「這就是爲什麼我說這是我的錯。院子裡來了一隻新的公貓，之後茅草便開始在屋子裡四處亂尿尿。過了一陣子，我實在受不了那個氣味，也不想老是跟在牠後頭清理，所以就把牠放在外面。我知道牠很生氣，但我不知道還能怎麼辦。」

「我懂，」我告訴葛蕾絲，「沒有比貓尿更難聞的氣味了。不過，我明白茅草爲什麼這麼做。牠是在標示自己的地盤，這麼一來，新來的貓才知道牠是老大，這會讓牠更有安全感。但茅草也是一隻室內/戶外貓，再加上牠本來就是戶外貓，而戶外貓總是在做記號。可是，葛蕾絲，」我接著說，「牠出生在戶外，而且你在帶牠回家以前，牠已經在戶外生活了一段很長的時間，所以牠可能很生氣，但生氣的原因不是說牠好像從沒當過戶外貓。」

我可以看到，茅草離開葛蕾絲的院子時是往右走，牠告訴我，牠不知怎地被關在某個地方無法脫身。十天後，當牠終於設法逃出來時，牠回到了葛蕾絲的房子，但牠非常虛弱，而且牠已經知道自己快離開了。

葛蕾絲證實這一切千眞萬確。附近有一間房子正在出售，顯然有人來帶看那間房子。茅草趁著大門敞開時走了進去，可是當仲介離開並關上大門時，牠就被困住了。牠一回到家，葛蕾絲立刻帶牠去看獸醫，但牠嚴重脫水，導致器官逐漸停止運作，獸醫也束手無策。

「我早該知道會這樣，我早該知道的……」她不停地重複。

「可是你並不知道，」我說，「你不可能什麼事都未卜先知。無論如何，由於茅草一直是一隻室內/戶外貓，所以這件事情隨時可能發生。不是因爲你把牠關在房子外面才發生的。我知道，想到牠在那裡試著逃出來，令人非常難過不捨。你也不是動物出事時，唯一會責怪自己的人。幾乎每個打電話給我的人都有同樣的感覺。但這些事情就是會發生，你不能一味地責怪自己。

「不得不接受的事實就是，茅草的時候到了。牠的靈魂快樂地回到了美麗的靈界。此外，牠現在可以去任何想去的地方，牠可以每天晚上陪著你睡在床上，牠就在你的身邊。你深愛著牠，你給了牠一個家和一座花園，你照顧了牠這麼多年。牠和你在一起非常幸福，牠現在在靈界也非常幸福。我們都討厭讓這種事情發生，但它們確實會發生。業力就是這麼回事，你的也是如此，並不是每件事情都有答案。而且，無論如何，你可能會發現牠藉由所有你救過的動物回來找你。」

「喔，桑妮亞，」葛蕾絲說，「聽到你這麼說，眞的讓我感覺好多了。」

「嗯，我很高興，」我說，「別再自責了。你爲這麼多動物做了這麼多事情，不要一直用罪惡感折磨自己。就從這裡繼續前進吧！要知道茅草很快樂，牠不過是回家而已。」

第 7 章

我該放手讓寵物走嗎？牠會不會怪我？

故事40
貓

你的毛小孩在靈界很快樂——冰箱裡的路瑟

每個人都有自己哀傷的方式，不同的人會用迥異的方式處理失落。有些因應機制可能相當怪異。比方說，一名年輕女子足足抱著愛犬的骨灰罈睡了兩年，直到她開始與新男友同床共枕爲止。後來，她把罈子擺在身旁的床頭櫃上，但夜裡的某些時刻她經常醒來，然後抱著罈子不放。終於，有天晚上她男友醒過來，問她到底在做什麼。她不好意思告訴他，但正如她向我解釋的，她就是克制不住自己。唯有提供某些他們一起生活的具體細節，讓她知道她的寵物在靈界，而不在她床邊的容器裡，她才能放下那些肉體的殘餘存在，了解她和她的毛小孩在靈魂的層次上仍彼此連結。

後來，一名溫和又充滿愛心的年輕男子告訴我，他已經把貓咪的屍體冰在冰箱裡好幾個月了，直到某天遇上停電，他才不得不把牠埋葬了。即使對我而言，這也是聞所未聞，我還以爲自己見多識廣呢。我和他交談時，那隻名叫路瑟的貓咪過來了，牠讓我知道，牠其實一直在那兒看著自己的屍體下葬，但當看到主人拿牠最心愛的毯子陪葬時，牠感到有些訝異。「他不知道我已經不在那個身體裡了嗎？」路瑟問我。當我把路瑟說過的話告訴這位來電者時，他竟想知道該不該把毯子挖出來。幸運的是，我說服他這不是一個好主意，路瑟在靈界根本不需要毯子。

很多人因爲死守著玩具、牽繩、狗床和貓碗而得到極大的慰藉。有些人甚至在寵物的靈魂已經離開身體往生靈界之後，仍持續爲牠們提供食物和水。儘管動物會與在地球上共處的人類保持連結，但牠們已不再需要這些塵世的東西。我們不必爲了和牠們保持連結，而牢牢抓住這些塵世間的物品。放手，正是一種向新的連結敞開大門的方式。

對家人而言，最困難的事，莫過於決定要不要協助動物前往靈界，即使他們知道時候到了。每天都有人打電話給我，因爲他們不曉得該怎麼辦才好。他們心裡明白什麼才是對的，但他們就是需要我的再三保證。

故事41 貓

堅持不讓牠死——好痛好痛的山姆和路易

查爾斯有五隻貓，其中兩隻病得很重。他在電話中要我告訴貓兒們，他愛牠們，而且一定會盡力治好牠們。山姆得了癌症，牠十七歲了，查爾斯正在給牠做化療。他認爲自己在做對的事情，但山姆不吃不喝，於是查爾斯又叫獸醫替牠插胃管。山姆咳個不停，但直到牠把管子咳出來，查爾斯才知道牠不想插管。他要我告訴山姆，他永遠不會再這樣對牠。

正如我告訴查爾斯的，如果動物的肚子不舒服，或是會把食物或藥物吐出來，有時可能得花一些時間吊點滴。但我不贊成給動物強行灌食，尤其是當牠們像山姆一樣又老又病的時候。

「可是，」查爾斯說，「我做這些療程是爲了救牠啊！」

我說，「但是山姆已經十七歲了，查爾斯，你沒辦法讓牠一直活著。放手讓牠走吧！」

查爾斯要我告訴山姆，他有多麼爲牠擔心，而且山姆眞的必須吃點東西。我笑著問查爾斯，「你自己有沒有病到毫無胃口過？你會想吃東西嗎？山姆最不想做的事情就是吃東西。牠只想離開而已。當動物停止進食時，就表示牠們想走了。」

此時，我開始和山姆說話，查爾斯想知道牠在說什麼。「山姆想離開，」我告訴他，「牠只是爲了你在硬撐。動物很無私，而且無條件地愛著我們。山姆願意忍受不適和疼痛的折磨，是爲了讓你有更多時間和牠相處，但牠已經做好了離開的準備，而且早就準備好要離開這副身體了。正確的做法是協助牠離開。我們應該慶幸自己能爲動物做這件事。我們無法爲人類安樂死，但至少人類有能力預立遺囑，選擇一個能替他們落實心願的醫療代理人。但動物就沒辦法了，所以，我們得爲牠們代勞。」

「可是，」查爾斯說，「牠走了，我會傷心欲絕。」

我說，「我知道你會，但山姆已經盡可能地留下來了。牠眞的一直在受苦。」

他說，「喔，桑妮亞，我沒有從這個角度思考。我眞的很自私，是不是？」

「嗯，」我說，「我了解你自認替山姆費盡心思，才會給牠做這所有的療程，但牠並不想做。牠疼痛難耐。」

查爾斯說，「我知道牠討厭接受治療。牠會哀嚎，然後躲起來。我不知道牠是怎麼曉得的，不過牠似乎總是知道。」

於是我向他解釋，動物是透過心靈感應進行溝通。「當你想著該去看獸醫了，」我說，「山姆就會知道，所以牠才會躲起來。」

最後，查爾斯表示他會讓山姆離開。我告訴他，這是他能爲心愛毛小孩所做的最棒的事。「你知道自己這麼做是對的，不是嗎？」我說，「你不覺得這是正確的做法嗎？相信你的感覺吧！」

「是的，我知道。」他說，「我的另一隻老貓路易，也快死了。牠不吃不喝。」

「喔，查爾斯，」我說，「你得讓牠們一起安樂死。如果路易已經停止進食了，那麼牠會餓死。讓牠們一起安樂死是比較仁慈的做法。」

隨後查爾斯要我告訴山姆和路易，只要他和獸醫約好時間，他會儘快帶牠們過去。

我問查爾斯，「你現在做了決定，感覺如何？不要相信你的頭腦；我希望你可以信任你的心和直覺。我知道你很難過不捨，但在你內心深處，你是知道答案的。」

他沉默了一分鐘，接著說，「桑妮亞，我確實知道什麼才是最好的決定。我必須讓牠們安樂死。」

因此我向他保證，山姆和路易會踏上回家的旅程，回到那個我們已經去過無數次的地方。

查爾斯聽起來開心多了，他說，「桑妮亞，我不知道該怎麼謝謝你才好。」

我說，「查爾斯，當你這麼做的時候，你會有一股平靜的感覺，你會知道這是對的。」

之後，我收到一封他寫來的電子郵件，他表示，「你的說法完全正確。雖然我因為牠們的死而傷心不已，內心卻感到十分平靜。我知道我做了對的事情。」

如果你不確定該怎麼做，試著讀取你的感覺，你的感覺永遠會為你做出正確的決定。

故事42
馬

無價的美好回憶——哭泣的奈吉爾

動物哭泣極爲罕見，但欣迪的馬兒奈吉爾，實在是痛不欲生。欣迪是我的長期客戶，她有六隻狗、兩隻鸚鵡和九隻貓，但奈吉爾是她一生的摯愛。她這次之所以打給我，是因爲她知道奈吉爾的時間快到了。馬的平均壽命是二十五歲到三十歲，而奈吉爾已經二十八歲了。我在調整頻率接收牠的訊息時，可以感覺到牠有嚴重的關節炎，脊椎出了問題，後腿也不太能走。我告訴欣迪，奈吉爾眞的需要她來幫助自己脫離身體。

我以前曾爲了欣迪的另一隻動物，對她說過同樣的話，而她總會聽從我的建議，但奈吉爾就不同了。她與牠的連結十分緊密，她發現要讓牠走，簡直難如登天。當然，動物一死亡便不再痛苦，但我們的哀痛卻正要開始。我讓欣迪知道，這些我都懂。

「可是，」我說，「奈吉爾現在眞的需要你的協助。你們彼此分享了這麼多，關係又如此親密，因爲你們的靈魂已經共度了好幾個前世。你們結伴回到物質層面好多回了，因此，

結束的念頭才會這麼痛苦難熬。奈吉爾告訴我，牠飽受折磨，但牠會爲了你而硬撐並忍受痛苦，因爲牠知道你不想失去牠。牠的後腿痛到無以復加，就連脊椎骨也開始崩解。」

欣迪給牠吃止痛藥，但奈吉爾告訴我，它的藥效很短，而且無法再發揮作用。牠痛苦不堪，欣迪則是以淚洗面。她說，她以前總是能協助她的動物離開，但她就是無法接受沒有奈吉爾的生活。「我和牠的關係，」她說，「和那些我必須道別的其他動物不同。」

我再次解釋，分離其實並不存在。「沒有道別，」我說，「奈吉爾只是累了，必須離開身體而已。如果你不幫牠，就是任由牠自生自滅。」欣迪只是不斷地告訴我，牠們共度過的美好時光，因此，我不得不溫柔而堅定地說，「對，我知道。但現在那些時光結束了，事實是，牠正在受苦。然而，永遠不會結束的是你的記憶，沒有人能從你那兒將它奪走。在人生旅程中，我們不得不面對失落，一旦養了動物，有時也不得不處理安樂死的事。我知道奈吉爾對你而言十分特別，但牠過世時不會有任何分離。牠還是會在你的身邊，而且牠會徹底地擺脫痛苦。」

「不過，」欣迪說，「我要牠自己走，我不想插手。」我向她保證，奈吉爾一定會走，只不過會承受更多病痛的折磨。最後，她說，「好吧，桑妮亞，告訴奈吉爾，我會幫忙。」當我告訴牠時，我感覺牠如釋重負。雖然牠並不想離開，卻因爲肉體的疼痛而哭出聲來。

牠要我告訴欣迪，牠會投胎轉世，以其他的物質形式回來找她。欣迪想知道是哪種形式。「我不知道，」我說，「可能是一隻狗。但牠告訴我，牠絕不會回來當馬。牠說牠希望晚上可以和你一起睡在床上，因爲牠當馬時，一直沒能做到這點。」

最後，我們結束了對話。大約一個星期後，欣迪再次來電。「桑妮亞，」她說，「我一直很自私，現在我覺得糟透了。我昨天才讓奈吉爾安樂死。就跟你說的一樣，牠根本站不起來。罪惡感快把我摧毀了。」

「嗯，」我說，「至少牠現在擺脫痛苦了，牠去了一個更美好的地方。」

「但……牠恨不恨我？」她嗚咽著說。

「喔，欣迪，」我說，「動物不會恨。人類才會。」

她非常沮喪並責怪自己沒有更早進行這件事。「不過，」我告訴她，「你必須學會原諒自己。你其實無能爲力。我們都得做出決定。有時，我們做出正確的決定，有時則否。到目前爲止，我從不知道你有做過什麼錯誤的決定。無論如何，奈吉爾現在已經擺脫痛苦了，牠告訴我，沒什麼可原諒的。」那一刻，我可以看見牠與另一匹馬朝我飛奔過來。「欣迪，」我說，「奈吉爾很快樂地奔跑，而且牠和一隻漂亮的帕洛米諾小馬在一起。我眞希望你能看見牠們。這是個陽光燦爛的日子，牠們玩得不亦樂乎。」

「喔，桑妮亞，」欣迪哭了起來，「那是我最好的朋友的小馬，名叫精神。我們以前常一起騎馬，但精神因爲腹部絞痛，年紀輕輕就死了。」

「你又來了！」我說，「你可以繼續折磨自己，也可以選擇放下。奈吉爾說，沒什麼可原諒的，牠希望你能與自己和平相處。」欣迪表示她會試試看。

我說，「請你務必做到。我認識你很久了，你一直在做對的事情。只不過你與奈吉爾的關係太特別，你無法想像沒有牠的生活，而許多人終其一生也不曾體驗過這樣的愛。奈吉爾希望你能原諒自己，並記得牠與最好的朋友快快樂樂又無病無痛地奔馳著。請爲牠開心，了解牠正處於平靜的狀態之中。」而她只是說了句，「桑妮亞，謝謝你。」

故事43

狗

緣分就這麼來了——牽線的媒人艾菲和米莉

安妮住在華盛頓特區，她爲政府機關工作，而且每天都帶她的牧羊犬艾菲去公園散步。安妮五十多歲，離婚好幾年，對自己的生活還算滿意；她幾乎已經放棄尋找夢中情人了。安妮經常爲了與艾菲溝通而打電話給我，特別是牠剛動完髖關節手術的那陣子。她前一隻名叫丹尼爾的狗，也經常陪安妮的母親一起過來。在我們最近的一次解讀中，她母親說安妮即將找到完美伴侶，而她母親不得不爲她加把勁才行，因爲安妮在找對象方面簡直毫無頭緒。安妮笑著說，「告訴她，隨她高興，反正我已經完全放棄了。」

幾個月後，安妮再次來電。當我調整頻率接收艾菲的訊息時，牠告訴我，牠認識了一個新朋友，還傳送了一隻黑色拉布拉多的心理圖像給我。我把這件事告訴安妮，她說，「眞的耶，牠叫米莉，牠們很喜歡彼此。」

「可是，」我說，「艾菲還告訴我，米莉的爸爸人很好，他花了很多時間在家裡陪你。有時他會睡在那裡，而他留下來過夜時，你會把牠和米莉請出房間。牠想知道你爲什麼這麼做，所以我打算告訴牠，牠們在房間會讓你們睡不著，而且床不夠大，沒辦法讓大家都擠在上面。」安妮認爲這是一個好主意，而艾菲也接受了這個說法。

接著，安妮告訴我，她遇見米莉爸爸的故事。「你記得嗎？」她說，「我們上次談話時，我媽說我即將遇見夢中情人？當然，我是不相信的，但以下是事發經過。我在公園裡遛艾菲，一隻黑色的大拉拉朝我衝過來。牠有牽繩和項圈，因此我抓住牽繩，期待失主會跟著牠跑過來，不過沒人出現。我發現項圈上有電話號碼，便用手機打了過去，一名男子立刻接聽。當我告訴他，他的狗在我這裡時，他簡直痛哭失聲又感到如釋重負。他說他剛停好車，正在替狗裝牽繩。他關車門時，狗看見一隻松鼠，突然就跟著飛奔而去，他只好扔下車子跟著牠跑，但松鼠爬到樹上，狗還是一股腦兒地繼續跑。他問我人在哪裡，還說他會馬上過來。

「我看見他朝我跑過來，便放狗離開。那隻拉拉立刻跑回他的身邊，而他竟抱著牠哭了起來。他告訴我，他的妻子一年多前剛過世，是這隻狗陪他度過難關的。於是我就這樣認識了傑佛瑞，而那隻狗正是米莉。現在我們合買了一間房子，我們要結婚了。」

接著，艾菲突然告訴我，牠和米莉會去參加婚禮。「沒錯，」安妮說，「艾菲是戒童，米莉是花童。婚禮並不盛大，但艾菲和米莉是最重要的貴賓，而且我們還會帶牠們去度蜜月，畢竟這樁婚姻是牠們牽的線。你得謝謝我媽，因爲傑佛瑞和我在一起好快樂，如果不是狗狗們，我們永遠不可能相遇。」

接下來的一年半，我都沒有安妮的消息。當她再次來電時，她和傑佛瑞都在線上。艾菲因爲癌症而重病纏身，安妮想知道是不是該讓牠離開。我一向不喜歡告訴別人該做什麼，但我會說，如果牠是我的動物，我會怎麼做。我告訴安妮，她心裡明白什麼才是對的，否則她不會打電話給我，而她只是要我確認這麼做行不行而已。

「桑妮亞，」她說，「傑佛瑞和我確實是如你所說的這樣。我們都很愛我們的狗，牠們是牽線的媒人。」

「你心知肚明，」我說，「這不是結束。艾菲很高興你們兩人相遇了，而且你過得很快樂幸福。」然後，傑佛瑞請我告訴牠，他們見面的那一分鐘，他就愛上了牠的媽媽。

這時，我說，「等等，傑佛瑞。我知道這是個悲傷的時刻，可是你的第一任妻子過來了。她希望你知道她有多麼愛你，而你再次找到幸福，她有多麼替你高興。她知道是狗狗牽的線，她告訴我，這件事情在靈界居功厥偉。她還希望你們都知道，她會接手照顧艾菲，道別與分離其實並不存在。」

讓艾菲離開，令傑佛瑞和安妮十分悲傷，但他們都強烈地意識到，靈界在許多方面持續影響著我們的生活，它不僅連結地球和靈性領域，同時也讓物質界的人們相聚並保持靈魂的連結。

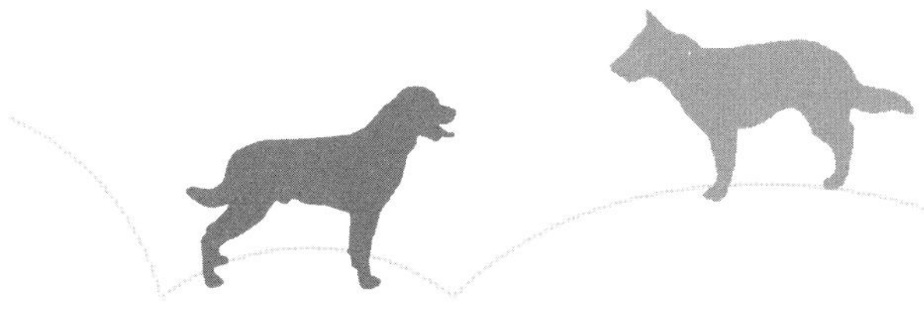

故事44 狗

小女孩和毛小孩的珍貴連結——活得很久的山姆

打從我的外孫女愛蜜莉出生那天開始，我的小狗山姆便參與了她的生活。牠還是一隻小狗時，被路上的卡車扔在我家門口，連腿都斷了。我急忙帶牠去看獸醫，過了一段時日，牠的腿才痊癒。

我女兒艾瑪初次見到山姆時，她說，「布魯斯回來了。」布魯斯是我以愛爾蘭國王命名的大型背脊犬，多年前我讓牠安樂死時，牠才五歲。兩週後的早上，我邊喝咖啡邊看著山姆的背影，發現牠所有的毛髮已經變成了一道深褐色的背脊，我驚訝到差點把咖啡灑在地上。不知怎的，我始終深信布魯斯會回來，而十五年後的今天，牠總算回來了。

山姆像膠一樣地黏著我，一直要人注意牠。我的狗艾莉過世後，牠就成了家中老大，其他的狗無論體型多大，沒有一隻敢招惹牠。牠也不太喜歡小孩子，除了愛蜜莉之外。愛蜜莉出生時，山姆九歲，從牠見到她的第一眼開始，他們之間就有了牢不可破的連結。愛蜜莉來家裡時，山姆總是寸步不離，她可以對牠予取予求，牠則是一概不准其他的動物接近她。愛蜜莉是牠的，而且由牠專屬。在我看來，他們顯然已經共度過好幾個前世。

正如我說過的，愛蜜莉有著和我一樣的天賦，如果山姆不舒服，愛蜜莉總是會知道。她放學後會過來跟我說聲，「外婆，山姆不太舒服喔。我在學校時，牠告訴我的。」而她總是對的。說實話，我從沒體驗過另一個像這對靈魂之間這麼強的連結。愛蜜莉才四、五歲時就告訴我，山姆會活很久，因此，我們可以在物質界共度一段很長的時間。當時我不知道她說得有多麼準確，但事實上，山姆一直活到十九歲。牠有心臟、肝臟和腎臟問題，可是牠一直撐著。

剛過完這個耶誕節，我們以爲牠快走了，但動物醫院都沒開門，我無法帶牠過去。隔天早上，牠竟又生龍活虎地跑來跑去。

在決定讓山姆安樂死的一週前，我們全家去了加爾維斯頓。山姆已經看了醫生，他們給牠吃止痛藥，可是牠的呼吸不太順暢，而且他們說牠來日無多。我的朋友在加爾維斯頓有一間房子，她說我們可以去度週末，於是我們——艾瑪、愛蜜莉、我的外孫彼得和他們的狗、我兒子派崔克和他的狗，還有我和我的狗，便出發前往，當然也包括山姆在內。山姆當時只能走個幾步，所以我用推車推著牠走，但愛蜜莉說牠喜歡待在海邊，於是我們把車開到海邊，讓狗狗們下車去玩。愛蜜莉把山姆放在沙灘上，這是幾個月來牠第一次跑進海裡，牠很喜歡在海裡玩水。誰都無法奪走我們那些快樂的回憶。這是牠和全家人共度的最後一個週末。

幾天後，牠真的呼吸困難，我不得不帶牠去獸醫那兒急診。獸醫替牠打了一針，以為能讓牠好過一些，但可憐的山姆對藥物反應劇烈，令我害怕的是，牠的痛苦前所未見。此時，我知道自己必須讓牠安樂死，但在愛蜜莉有機會和牠告別之前，我不能這麼做。

第二天早上，愛蜜莉來了，於是我請獸醫到場。愛蜜莉對牠說，「山姆，你得離開了。」接著，獸醫給牠服用鎮靜劑，再注射會使心跳停止的針劑，牠便躺在我的懷裡漸漸沉睡。愛蜜莉和我淚流滿面，她走過來對我說，「外婆，我剛才看見山姆在我身邊跑來跑去，我知道我們的特殊關係，永遠不會結束。」

第 8 章

我的寵物在生我的氣嗎？我當初的決定是對的嗎？

故事45

狗

最美好的祝福——睡在被套下的泰絲

蘿拉打電話給我，因爲她對讓十六歲的蘇格蘭㹴泰絲安樂死，感到十分愧疚。

「我覺得很過意不去，」她說，「我應該等牠自己走的，但我知道牠痛苦難耐。牠的腎臟衰竭，膝蓋又有嚴重的關節炎，走起路來相當辛苦。我不忍心看牠受苦。但如果牠是人，我會繼續照顧牠，並盡可能地讓牠覺得舒服些。我無法問牠究竟想怎麼做。你覺得牠在生我的氣嗎？我必須知道我做了對的事情。」

對大多數的動物愛好者而言，讓心愛的寵物安樂死，是生平最艱難的決定。但正如那天我向蘿拉保證的，當心愛的動物疼痛不堪，無法再以肉體享受生活時，安樂死是我們所能給予的最佳禮物。我的首要之務是讓蘿拉了解，我對她的痛苦感同身受。我和自己的動物經歷過很多、很多次這種事情，所以，我當然能夠理解她的感受。

「可是，」我要求蘿拉，「想想看，如果你的身體無法再發揮功能，你因爲腿部疼痛

而長期不適，無法再四處走動，又因爲關節炎而寸步難行，你會有什麼感覺？泰絲很高興能離開那具老舊又不堪使用的身體。牠不必再受苦了。牠現在是光體。雖然你看不到牠，但牠一直在你身邊。」

接著，我告訴蘿拉所有泰絲提供的關於她的近況。「蘿拉還留著我的碗，爲我點了一支蠟燭。她把我裝在一個看起來很滑稽的小盒子裡，每天晚上帶著它上床睡覺。我不知道她爲什麼這麼做，因爲我每天晚上都睡在她的床上。」當我這麼說時，蘿拉很驚訝。「我的確和牠的骨灰睡在一起，」她說，「不過沒人知道這件事。我沒有跟任何人提起過。」

「嗯，」我說，「如果這麼做能給你安慰，那很好。但泰絲覺得很可笑，因爲牠和以前一樣睡在被套下面。」

「喔，桑妮亞，」蘿拉抽泣著，「泰絲一直睡在那兒，我總是擔心牠在下面會窒息。牠眞的還在我身邊，沒有離去，對吧？你給了我好大的安慰。」

正如我告訴蘿拉的，我非常清楚讓心愛的動物安樂死有多麼艱難，但其實這是我們能爲牠們做的最無私的事情。由於寵物與我們關係緊密，牠們往往需要我們的允許和祝福才會離開，否則牠們可能會比自己該待的時間逗留得更久，只因爲牠們知道我們還沒準備好讓牠們離去。如果我們能幫助寵物脫離老舊、破敗的身體，牠們的靈體便能重獲自由，這才是眞正的祝福。

然而，有時無論多愛自己的動物，我們還是會做出一些導致牠們太早離開的蠢事。發生這種情況時，我相信那也是有原因的，即使我們無法理解。動物注定在那個時間點離開，因爲那是牠生命旅程的一部分。但縱使這麼想，對導致毛小孩死亡的人而言，並不會比較好過。

故事46

狗

後悔已經來不及——露宿在外的莎曼珊和克里歐

莎拉打電話到我的電台節目時，我聽得出她十分沮喪，但她告訴我她的故事之後，我甚至比她還要難過。莎拉的新男友似乎堅持要她把三隻小吉娃娃——莎曼珊、克里歐和珍珍留在外頭，因爲牠們沒受過大小便訓練，因此根據他的說法，牠們「很不衛生」。莎拉愛極了這幾個毛小孩，牠們總是和她一起睡，但現在牠們已經在寒冬中露宿了三個晚上。莎拉打電話給我，因爲她不曉得該怎麼辦。

好吧，莎拉當然一開始就該替狗狗做好大小便的相關訓練，但在這個節骨眼上，這並非迫在眉睫的難題。我知道她該怎麼做，因此，我斬釘截鐵地告訴她，「如果把這些小狗放在外面，牠們會凍死。如果你的男友不了解或根本不在乎，你當初幹嘛和他交往？你怎麼能容許他這樣對你？更重要的是，這樣對你的狗？你一定要捍衛自己和狗狗們的權利，因爲牠們沒辦法替自己發聲。如果你無法勇敢面對男友，至少也要把狗狗交給吉娃娃救援組織，讓他們替狗狗找個好歸宿，否則你終其一生都會活在愧疚之中。」

我實在想不通像莎拉這麼愛動物的人，怎麼會讓這種事情發生在毛小孩身上。「你知道嗎？」我說，「談戀愛就跟發燒一樣。你現在在發燒，一旦燒退了，你就會開始面對現實，然後永遠活在內疚不安之中。」

過了一年左右，莎拉和我預約了時段。我認不出這個名字，但她解釋，她曾經打電話到電台節目來，當時我叫她把男友甩掉。當然，我完全知道她是何許人也。「兩隻狗死於體溫過低，對吧？」我馬上說。「是的。」她啜泣著說，「莎曼珊和克里歐都走了。」

「你知道自己這麼做是錯的。」我接著說。

「對，」她又說，「而且我跟那傢伙分手了。」

「喔，但他滾得不夠快。」我繼續說。我不想這麼輕易就放過莎拉。

莎拉眞正想知道的是莎曼珊和克里歐會不會原諒她。

「嗯，動物不會記仇。」我說。

她告訴我，牠們死了以後，她終於把珍珍帶回屋內，所以珍珍仍在她的身邊。她表示，她永遠忘不了自己做過的事。

「你的狗現在已是靈體，」我說，「牠們很平靜，但你平靜不了，因爲你永遠不會原諒自己。」

「那牠們會原諒我嗎？」她抽泣著說。

「會，」我說，「因爲狗就是這樣。牠們看不出有任何事情需要原諒。那只是碰巧發生在牠們身上而已。」

這時，有個女人帶了兩隻狗過來。我向莎拉描述她的樣子，然後說，我感覺她死於心臟疾病。「喔，」莎拉說，「那是我母親。」

「好吧，」我告訴她，「莎曼珊和克里歐和她在一起。你母親告訴我，牠們過得很好，但牠們不打算再投胎轉世。我們都有選擇權，而牠們選擇留在那裡。牠們現在很快樂，也很安寧，因爲牠們回到了靈性上的家，即使牠們死亡的情形令人難過。」

故事47

馬

「我不想扮演上帝」——不願再受苦的傑克

這是獸醫師建議我的固定客戶梅蘭妮讓她的馬兒傑克安樂死時，她來電告訴我的話。我可以感覺到傑克的腳和背部有嚴重的問題。「可是，」梅蘭妮說，「我覺得牠還有一絲生氣，我不想就這麼讓牠離開。我不認爲這是我能決定的。如果上帝要牠的話，會自己把牠帶走。」

「聽著，梅蘭妮，」我說，「上帝知道你有能力協助傑克離開。沒有獸醫會叫你給動物安樂死，除非他百分之百確定這麼做是對的。獸醫通常不會叫你給動物安樂死，所以如果牠是我的寵物，我會接受他的建議。我知道這有多不容易，對你而言有多麼困難，但你以前做到過，現在還是可以熬過去。你給了傑克美好的一生，但當動物痛苦不堪時，協助牠離開身體是人道的做法。傑克不管多麼痛苦都會撐下去，只因爲你不想讓牠離開。動物就是這麼無私，但上帝不會要牠受苦——如果牠不需要受苦。

「你得問問自己，你是不是爲了自己才緊抓著牠不放？如果是的話，很抱歉，我會說你非常自私。如果你眞的這麼愛傑克，你就得讓牠走。想像你自己就在牠的身體裡。傑克告訴我，牠的右頸很痛，牠的頭部無法右轉。想像一下那是什麼感覺。牠在起身時也遇到困難，因爲牠的腿部非常疼痛。想像一下那有多痛。牠的生活品質在哪兒？你爲什麼要牠撐下去呢？你必須允許牠離開。你知道的，這不是結束。如果你年紀大了也發生這種事情，每天除了受苦之外毫無指望，但是有個人能幫助你離開，你會希望那個人怎麼做？」

過了一會兒，梅蘭妮說，「桑妮亞，我會希望他們這麼做。」

「你要做的，」我說，「就是幫助傑克離開這個沉重又充滿病痛的身體。牠會脫離肉體，重返美麗的靈性領域，那裡有來自前世今生的所有靈魂在等牠，而且再也無病無痛。分離並不存在。牠離開之後，你還是會覺得牠與你長相左右。」

此時，梅蘭妮變得非常安靜，於是我說，「你看，你知道這麼做是對的。你所有的動物都來迎接牠了。我看得見牠們。牠們都在等。牠們告訴你，該是放手讓傑克走的時候了。牠被困在身體裡面。其他動物都是光體，牠們既快樂又平靜。牠們無拘無束地四處移動，傑克離開身體後，也能做到同樣的事。」但她仍十分抗拒，因此，我說，「梅蘭妮，如果你任由傑克這樣下去，牠會多困在身體裡面兩、三個月，直到牠準備離開爲止，但屆時你會充滿罪惡感。我知道你會，因爲我了解你，梅蘭妮。」

最後，她說，「好吧，桑妮亞，你說服我了。當我眞的去想像這所有的痛苦時，我知道你是對的。」

「梅蘭妮，」我說，「你這麼做是正確的。另外，我看到一匹漂亮的棕色大馬朝我走來，牠說牠叫華生。」

「喔，老天爺，」梅蘭妮說，「是華生上校。」

「還有，」我說，「有一隻貓向我表示，她以前經常睡在傑克的背上。」

「喔，桑妮亞，」梅蘭妮說，「那是好幾年前的穀倉老貓。牠和傑克待在同一間馬房裡。傑克很愛那隻貓，牠非常小心翼翼，有時甚至連腳都不敢動，因爲擔心會傷到貓咪。牠是一隻可愛的虎斑貓。」

「嗯，我可以看見牠們在另一邊團聚，」我說，「而且正體驗著全然的喜悅和幸福。

牠們仍陪伴在你的身邊，傑克也會如此。等你離開時，牠們都會在那裡等你。你們會聚在一起開心地慶祝。」

接著，梅蘭妮想知道傑克會不會在她的有生之年回來，而我必須告訴她，傑克不會回來，因爲牠不想經歷更多痛苦。因此，梅蘭妮要我告訴牠，她愛牠，她會協助牠前往靈界。

於是，我說，「你做了正確的決定。傾聽你的內心，告訴我你的感覺。」

她說，「桑妮亞，我知道這麼做是對的。」

隔天，她寄了一封電子郵件告訴我，她已經請獸醫過去替傑克安樂死了，她想謝謝我，因爲她說，「沒有你，我做不到。我需要你幫助我了解牠的痛苦，還有我之前有多麼自私。」

有時，人們只是拒絕接受現實而已，他們需要一些嚴厲的愛來幫助自己做到心裡認爲對的事情。

第 9 章

如果我養另一隻動物，在天堂的寵物會難過嗎？

故事48 狗

你的毛小孩希望你快樂——不會不開心的小橘

很多時候，失去寵物的人遲早會準備再養一隻寵物，但同時間他們卻猶豫不決，因爲擔心失去的那個毛小孩會不知怎地覺得被遺棄，或是認爲自己即將「被取代」。

這正是蘇打電話來電台時，心裡頭所掛念的事。

「桑妮亞，沒有了小橘，我眞的好孤單。房子裡那麼安靜，下班回家也沒人迎接我。我不知道該拿自己怎麼辦。我試著保持忙碌，但我待在家裡卻無法感到放鬆和自在。我眞的覺得我想再養一隻小狗，但我擔心小橘會不高興，認爲我已經把牠忘了。我不知該如何是好。我需要牠告訴我，牠不介意，而且牠不會生氣。」

聽到蘇的顧慮，我並不訝異。值得慶幸的是，我很快就能平息她的恐懼，因爲那隻可愛又臭屁的鐵鏽色可卡犬小橘，立刻就過來了。小橘告訴我，牠知道自己無可取代，但牠

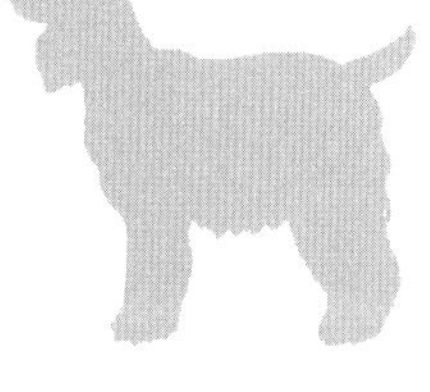

希望蘇能快樂。牠了解對蘇而言，找一隻新小狗來照顧是對的事情。小橘在將近一年前離開了身體，牠說，該是讓蘇繼續前進的時候了。

我向蘇轉達這一切時，她大大地鬆了一口氣。「喔，謝謝你，桑妮亞，」她說，「這正是我需要聽到的。我的確很懷念有個溫暖又毛茸茸的身體可以抱抱，但我好擔心小橘會不開心，我就是無法讓自己這麼做。請告訴小橘，我會永遠愛牠。」

「你知道嗎？你自己就可以告訴小橘，」我向蘇保證，「牠聽得見你。而且，牠當然知道你愛牠。」

每位動物愛好者在失去寵物時，都以不同的方式表達哀傷。有人覺得必須立刻再養一隻新的動物，其他人則像蘇一樣，可能會等上一年或更長的時間。但重要的是知道任何能讓我們快樂的事情，也會讓我們在靈界的動物感到無比開心。

故事49 貓

千眞萬確的奇蹟——歷劫歸來的閃閃

有天上午，當安吉按約定的時間來電時，有一隻黑貓的靈體已經在我的床腳耐心等候了。我開始調整頻率接收牠的訊息，又看見牠身邊還有一隻緬因貓。我感覺牠死於胃癌，另一隻則死於腎臟問題。「喔，桑妮亞，」安吉說，「那隻緬因貓叫參孫，三年前死於胃癌。黑色的那隻是斑斑，我就是爲了牠才打來的。牠幾週前過世了，因爲牠年紀很大，而且腎臟衰竭。」

「嗯，」我說，「全家都過來了。」我在解讀時經常發生這種情形，因爲客戶所有親友的靈體總是會急著打招呼並傳遞訊息。還有一位帶著貓的紳士，我感覺他死於心臟問題。他笑著告訴我，他根本沒死，雖然大家都認爲他死了。許多動物和人類的靈體都是這麼告訴我的，因爲他們一旦往生就會明確地知道，我們所認知的「死亡」，其實是一種爲了繼續生活而釋出靈體的物理現象。安吉的父親希望我把這個訊息傳達給他的女兒知道，而她則表示，她經常覺得父親就在自己身邊。

接著他告訴我，他正走在雪地裡，然後開始向我展示一條紅色的圍巾。那條圍巾對我而言不具意義，但安吉告訴我，她在父親過世的兩週前，送了他一條紅色圍巾當作耶誕禮物，而且他們父女倆還在雪地裡散步。「那是我爸，」她笑著說，「毫無疑問。」但老爸還沒說完，他想讓我知道，即使安吉和她母親很親近，他和他女兒還是有一種特殊的連結，並且共享了許多祕密。「沒錯，」她說。「媽媽不是永遠都了解我，但爸爸總是可以。我好開心喔，」她接著說，「今天早上在解讀之前，我做了一個小小的禱告，我希望如果可能的話，爸爸可以過來。請告訴他，我經常覺得他就在身邊，甚至是在我開車的時候。」當然，這就是我們知道靈體陪在自己身邊的方式。我們不是用肉眼去看見他們，而是去感覺他們。「請告訴他，」她繼續說，「知道我的貓和他在一起，對我而言是天大的撫慰。」

她的父親又笑了。當人類的靈體過來時，我可以感覺到他們因為能與物質界的人們溝通而獲得的喜悅。這時，他抱起兩隻貓要我告訴安吉，「牠們現在和我在一起。」

參孫和斑斑顯然有點生氣我和安吉的父親聊了這麼久，因爲牠們要我停止交談並注意牠們。然後牠們開始鉅細靡遺地告訴我，牠們與安吉的生活。她救了牠們兩個，而牠們從沒想過貓和她在一起可以過得這麼快樂。接著牠們說，牠們從一個小地方搬到一間有庭院的大房子，那裡非常安全。安吉證實了這一點，隨後又補充說，到了晚上，她會讓牠們去院子裡，她自己則會帶上一杯酒，一邊盯著牠們。

斑斑還告訴我，牠比參孫膽小，有訪客時，牠往往會躲進安吉的衣櫃裡。牠說，安吉總是爲了牠而敞開衣櫃的門，但她有太多鞋子，牠很難替自己找到藏身之處。安吉笑著告訴我，事實上，她有好幾百雙鞋子，有些她甚至從沒穿過。斑斑還說，解讀的前幾天，她又買了一雙紅色的新涼鞋，當她把指甲塗成相配的顏色時，牠一直在旁邊看著。此時，安吉放聲大笑。「喔，桑妮亞，」她說，「我找到一瓶和鞋子同色的指甲油，我的確做過這件事！」她激動得不得了，我解釋說，動物們會傳達一些只有她能確認的訊息，這樣，她才知道說話的確實是她的毛小孩沒錯。

斑斑還解釋，安吉幫助牠離開身體，因爲她知道牠很痛苦，牠要我爲此謝謝她。安吉證實她的確這麼做過，因爲斑斑不僅疼痛難耐，還失去了視力，她不想再讓牠受苦。我向她保證她做了對的事情。

這時，她想知道牠們會不會回來，而牠們告訴我，牠們不會。牠們想留在那裡，因爲牠們非常快樂。不過牠們表示，等她時候到了，牠們會等待她的加入。安吉完全能夠了解。「我不怪牠們想和老爸在一起，」她說，「事實上，我很確定牠們會這麼說，即使我還沒打電話給你。」

但斑斑和參孫也希望安吉能快快樂樂的，牠們要我告訴她，她應該再養一隻貓咪。安吉一直很擔心，因爲她不想讓其他的貓傷心，只不過動物並不是這麼想的。牠們希望牠們的人類可以再養一隻動物，因爲牠們知道寵物能帶給我們多少的愛和安慰。牠們不希望我們孤伶伶的。

安吉說，知道參孫和斑斑沒事，讓她放心不少。她要我告訴牠們，她週一會去收容所搶救兩隻新的貓咪。她告訴我，等她把牠們帶回家之後，她會再預約時段讓我和牠們交談。

就在她要道別之際，我有一股很強烈的感覺，我告訴她，她不該挑週一過去，而是必須等到週五。我不知道自己爲何有時會有這些感覺，但我確實會如此。安吉同意再等等。而大約五、六個星期後，我查看解讀時間表時，發現她預約了另一個時段，因此，我假設她已經養了新的貓咪。我向來會要求客戶寄寵物的照片給我，以便幫助我與牠們連結，但我在查看安吉寄來的照片時，看到的是四隻貓，而不是兩隻。

安吉來電的那天，興奮到近乎語無倫次。「謝謝你，謝謝你，」她滔滔不絕地說，「謝謝你要我週五再去！」當然，我仍不清楚原因何在，但話就這麼脫口而出。以下是安吉告訴我的神奇故事。

「唔，桑妮亞，」她說，「我在一排排的籠子之間穿梭，眞的很難做出決定。我覺得好想把牠們全數領養回家。但其中有一隻特別讓我想起我母親的愛貓閃閃，牠是大約三年前失蹤的。我媽傷心欲絕，最後終於放棄了牠會回來的希望。她接受了閃閃應該已經死亡的事實，但卻一直沒能走出傷痛。因此，我又回去看看那隻引起我注意的貓，還問收容所的服務人員能不能把牠翻過來瞧瞧。閃閃的肚皮上有一道明顯的疤痕，因爲牠有次外出探險時受了傷，不得不送去給獸醫縫合。」果然，當他們把牠翻過來時，那兒有一道傷疤。

安吉簡直不敢相信自己的眼睛。

服務人員表示，這隻貓週四才進收容所，如果安吉按原訂計畫在週一過去，閃閃便不可能在那兒。此外，牠是和另一隻貓一起進收容所的，牠們似乎很喜歡彼此，因此，安吉決定兩隻都領養。她告訴我，她是一路上開心地哭著回家，隨後打電話請她母親馬上過去。她沒說爲什麼，只說要媽媽去看看她的新貓咪。她母親似乎有些不耐煩，問她能不能隔天再去，但安吉說不行，她必須立刻過去。

門鈴一響，貓兒就一溜煙地躲起來了，因此，她母親才坐進沙發便立刻問道：「這些重要到我非得馬上過來瞧瞧的貓，現在在哪裡呢？」

「突然間，閃閃出現了，牠在媽媽的兩腳之間繞進繞出地喵喵叫。媽媽低下頭，」安吉說，「接著，她馬上坐在地上又哭又笑。她簡直不敢相信！桑妮亞，我希望你當時也在現場。我這輩子從沒見過我媽這麼高興。她說她感謝上帝把閃閃送回來，我說：『太好了，媽，但把牠帶回來的其實是我！』接著，她說，『我想你最好回收容所再多找兩隻貓，因爲我不會放棄這兩隻的。』」

安吉眞的又回去領養了兩隻，這就是爲什麼她寄來的照片裡會有四隻貓咪。但這個故事的神奇之處還不僅如此。在她告訴我她把閃閃帶回來之後，我提議調整頻率接收牠的訊息，看看牠過去三年來在做些什麼。以下是閃閃告訴我的。

牠被一隻土狼追著跑，只好爬到樹上脫身。牠在上面待了很久，當牠終於下來時卻迷了路。牠不知道該上哪兒去，卻不得不開始獵食。牠努力占下一塊地盤，不久又發現有人在餵流浪貓。我不清楚貓究竟是怎麼發現的，但如果有人在外頭擺食物，牠們通常很快就會知道，於是，牠便和其他三隻由此人餵養的貓咪一起進食。有天出現了一隻新貓，牠讓閃閃知道牠住得有點遠，還把閃閃帶回牠和老太太同住的地方。接著，她讓閃閃進屋，牠因此找到了新同伴和一個新家。可是有天老太太跌倒了，有人過來把她放在閃閃認爲是床但應該是擔架的東西上頭抬走了。沒多久，又有人把閃閃和另一隻貓送到了收容所，結果才過了一天，安吉就現身把牠們帶回家了。對我而言，這是千眞萬確的奇蹟。

安吉的母親與閃閃團聚了，而閃閃仍與牠特別的貓同伴在一起。至於安吉的兩隻新小貓也長得健健康康，給了她很多的愛，而且彼此之間相處融洽。

故事50

狗

心靈的覺醒——不要你孤單的露西

麥可來電時告訴我，他和他的長期伴侶克萊夫，十年前失去了美麗的愛爾蘭雪達犬露西。四年後，麥可說克萊夫也過世了。麥可仍深深地哀悼他們，而且人生似乎停滯不前。

他說，有天他待在車上，正好聽見我的電台節目。他簡直不敢相信自己的耳朵。「這裡有個女人，」他說，「正在和人及他們在靈界的寵物說話！我把車子停在路邊收聽，然後徹底地大吃一驚。我不曾經歷過這種事情，事實上，每當人們談到靈媒時，我壓根兒就不相信，而你卻一直在和動物及人們聯繫。我對自己說，我認爲這女人是眞的能夠做到這樣的事！於是，我查詢你的網站並預約了這個時段。昨天晚上我興奮到睡不著，所以我才會在這裡和你交談。」

我可以看見麥可的伴侶克萊夫從靈界過來，也看見露西在他的身邊，他們背後還有美麗的夕陽。克萊夫一手拿著菸，一手拿著一杯酒，他在向麥可敬酒。接著，他把酒杯湊近

鼻子，聞了聞酒香。我看見他身邊有很多板條箱和一箱箱的酒。當我把畫面告訴麥可時，他說，「喔，老天爺，桑妮亞，他是賣酒的業務。那絕對是克萊夫，一點都錯不了。」

「嗯，」我說，「他還告訴我，他是個老菸槍，雖然試過很多次，但他從沒戒掉過。他要我告訴你，他很抱歉，但他就是戒不掉。」

「沒錯，」麥可說，「他戒不掉。喔，天啊！」他說，「我簡直不敢相信。」

「他要你知道，他愛你。」我繼續說，「露西也和他在一起。」

麥可開始哭了起來。「我好寂寞，」他說，「我實在活不下去了。」

克萊夫說，「你再試試看啊！你對傷害自己這種事不在行啦。」他對我說，「他應該待在原地，叫他待在那兒別動。我還不想讓他過來。等時候到了，我們就會團聚。而且無論如何，我們現在是在一起的。」

當我把訊息轉達給麥可時，他說他知道。我說，「好，如果你想自殺的話，他們可能會馬上把你丟回來，因爲自殺是不對的。」

「喔，桑妮亞，」麥可說，「請告訴克萊夫，我絕對不會再試了。我沒膽吞下足夠的藥丸，我的所作所爲只是讓自己噁心想吐，讓他們不得不趕緊送我去醫院洗胃而已。」

我把這個訊息傳達給克萊夫，他的回答是，「那樣做眞的很蠢，不過，他向來沒什麼常識就是了。」

這時，露西開始告訴我，牠有多愛麥可，以及他們搬進了一間有海景的加州新居。牠說，克萊夫的手很巧，他替房子鋪設了全新的木地板，牠也有從旁協助。牠還告訴我，牠喜歡他們鋪在廚房裡的黑色花崗岩，而且他們每天晚上都會上露台坐坐。麥可和克萊夫會各拿一杯酒，他們人在外頭時，還會給牠一個漂亮的玻璃杯裝水喝。

麥可證實了這一切，而我第一次覺得他的聲音恢復了一些喜悅。「我們以前常說，我們只會給你最好的，露西。」他告訴我，「牠喜歡喝那個玻璃杯裡的水。喔，桑妮亞，」他又滿懷悲傷地說，「我好想念他們。我沒再上過那個露台，那裡充滿了太多痛苦的回憶。我會出去看看美麗的景色，然後馬上回到屋內打開電視。」

我試著向他解釋，能擁有這些回憶是多麼的幸運。但對麥可而言，它們未免太教人難過。

接著，克萊夫又來了，他說，「叫他再養一隻狗。」

當我告訴麥可時，他說他會覺得罪惡感太重，因爲他認爲露西會生氣。

「麥可，」我說，「靈界的動物和人類只希望我們幸福而已。他們不會嫉妒，也不會生氣。當我們離開身體時，我們也會把所有的垃圾拋諸腦後。露西和克萊夫都希望你能再養一隻狗。」

「你的意思是……牠不介意？」他問。

「露西當然不會在意，」我說，「只有你才這樣認爲，牠可沒有。你現在根本不算活著，麥可。你還在身體裡，你得重新開始享受生活。還有，如果你再養一隻狗，露西說不定會決定投胎轉世回來找你。所以就放手去做吧！要不要改變心意由你決定，如果你改變心意，你就能改變人生。不管露西回不回來，你都不再寂寞。另一隻狗會讓你快樂，還會給你生活目標。如果你去收容所領養一隻狗，那也會改變狗的一生。那裡有一隻狗在等你，只要去那裡找牠就行了。我不是說你會忘記露西，但都過了十年，你必須停止自怨自艾。你知道的，那天早上你在廣播裡聽到我絕非偶然，這是注定要發生的事。如果你願意的話，你可以在一天之內改變人生。所以，就去那裡尋找另一個好友吧！」

而我在說這些話的同時，可以聽見克萊夫的靈體笑著說，「謝天謝地，桑妮亞。你快點開導開導他吧！」

最後，麥可同意他確實想改變生活。我告訴他，露西和克萊夫說，他去找狗時，他們會幫忙挑選。

三個月後，麥可預約了另一次解讀，電話裡的他，聽起來完全像是另一個人。我眼前的影像不是一隻狗，而是兩隻美麗的波士頓㹴。我立刻就從牠們身上感受到無比的幸福。「牠們是同一窩的，」麥可說，「牠們即將被安樂死，而我當然不可能只帶走其中一隻。牠們擠在一起，我立刻感覺到那種連結。我告訴牠們，牠們兩個會和我一起回家。我叫牠們扭扭和茉莉。叫扭扭，是因為牠的屁股總是扭來扭去，尾巴還會跟著擺動；叫茉莉，則單純是因為我覺得這名字很適合牠。」

接著，克萊夫和露西都過來了。克萊夫叫我告訴麥可，他們很替他高興，而且是他們指引他去挑那些狗狗的。「我知道，」麥可說，「我感覺得到，桑妮亞。我一看到這些狗，就知道牠們是我的。你說的完全正確，我必須改變生活。而且，老天爺，牠們眞的改變了我！我這幾年過得像隱士一樣，但現在我已經開始跟人見面、交新朋友了，就從帶牠們去狗公園開始。我展開了新的生活，現在我甚至打算在游泳池畔舉行派對，讓大家可以帶牠們的狗狗來玩耍。」

「嗯，請你告訴他，露西和我都會去參加。」克萊夫說。

茉莉告訴我，牠是帶頭的，扭扭則比較隨和。麥可表示，眞的是這樣沒錯。他還告訴我，他去收容所領養牠們時，牠們的健康狀況非常好，似乎得到了很好的照顧。茉莉說，牠們一直很受疼愛，但牠們先前的人類同伴生了重病，不得不放棄牠們。接著，我看到一個女人朝我走來，她說她叫吉兒，死於癌症。她說這些毛小孩是她一生的摯愛，她生病時，比起擔心自己，她反而更擔心牠們。她告訴自己，如果牠們被安樂死的話，他們會在另一邊團聚。然後，麥可便發現了牠們。「請告訴他，牠們注定要和他在一起。」吉兒說。

麥可說，「我感覺得到，請告訴她，她隨時可以來探望我們。」

「呃，」吉兒說，「他對這件事其實沒什麼選擇，因為我一定會經常過去。狗兒們看得到我，但他看不到。」

最後，麥可說，「你知道嗎？桑妮亞，我帶這兩個寶貝毛小孩回家後，第一次坐上了露台。我倒了一杯酒，然後各給牠們一杯水。我的回憶再次洋溢著幸福，而且我第一次聞到了菸味，我知道克萊夫和露西仍在我的身邊。我以前很討厭那種味道，但現在我很喜歡。」

寵物只希望我們能快快樂樂地繼續前進，所以，牠們從不在乎我們將新的動物同伴帶進生活中。我們擔心的不只是死去的寵物會生氣或嫉妒，我們也擔心自己無法給新的同伴等量的愛，或是無法以同樣的方式去愛牠們。然而，我們的心可以無限擴展。愛沒有界限。你的新寵物是不一樣的，牠會有自己的個性、怪癖和習慣，因此，你和牠的關係也會有所不同，但這並不表示它就沒那麼強烈、不那麼深情，或是對你們而言較不具意義。

第 10 章

不在我身邊的寵物，有人會照顧牠嗎？

故事51

狗

靈界毛小孩的心願——希望主人快樂的密斯提

「我好擔心可憐的密斯提，」潔西卡對著話筒發牢騷，「牠很挑食，我總是必須特別爲牠下廚。牠是一隻約克夏，有一身美麗又柔順的長毛。我一星期替牠洗一次澡，還每天爲牠梳毛。我有用來綁在牠頭頂上的全套蝴蝶結，從牠昂首闊步的模樣看來，我知道牠以自己的外表爲傲。我喜歡照顧牠，但現在是誰在爲牠做那些事呢？我一直很替牠擔心。」

如果我不是這麼確信潔西卡的顧慮是百分之百發自眞心，如果我不是這麼頻繁地從其他失去寵物的人那兒聽見同樣的事，要我憋住不笑，恐怕很難。但我當然沒笑，潔西卡也看不見我在微笑。我反而溫柔地提醒她，密斯提不在身體裡，牠已經進入只有靈體、沒有肉體的世界了，牠不需要食物，而且肯定不需要洗澡和梳毛。

潔西卡仍難以接受這個概念，但當我告訴她，密斯提要我讓她知道，牠有多麼感激潔

西卡的疼愛，以及牠有多麼喜歡那些色彩繽紛的蝴蝶結，尤其是白底紅點的那一個時，我想她開始覺得好過一點了。接著，密斯提說，牠認爲潔西卡眞的很懷念有個對象可以照顧，如果她能養一隻新的小狗，感覺可能會好一些。我說這些話時，聽見了吸氣的聲音，因爲潔西卡承認自己的確想過同樣的事，但她無法忍受她稱之爲用另一隻狗來「背叛」密斯提的念頭。因此我再三保證，密斯提只是希望她能快樂。她完全不必擔心密斯提會覺得自己被取代，而且牠會永遠與潔西卡保持連結，牠了解對潔西卡而言，分享她在物質界的生活有多麼重要。

很多時候，我們擔心動物在靈界過得好不好是出於自身的需求，而非牠們的需求。牠們一切俱足，包括與我們毫不間斷的連結在內。但考量自身需求稱不上自私，因爲讓我們的生活繼續前進，才是牠們眞正的心願。

故事52

狗

和摯愛在一起——被安樂死的哈維

無論是天然災害抑或環境驟變，人們有時會與心愛的寵物相隔兩地，而且永遠不知道牠們發生了什麼事情。這正是瑪莎的處境。她在不景氣時失去了房子，還不得不把她的狗哈維，送進收容所。她不知道哈維的命運如何，甚至不曉得牠是死是活。

我立刻開始調整頻率，接收一隻美麗德國牧羊犬的訊息，而我不得不告訴瑪莎，哈維已經被安樂死了。但我可以看見牠的靈體朝我跑來。瑪莎一直問我，「牠恨我嗎？牠知道我真的別無選擇嗎？」

我向她保證狗不會恨，那不是牠們的本性。我還解釋，牠們到了靈界之後，會與前世今生認識的所有靈魂團聚。我看見哈維身邊有一位紳士，我感覺他是死於中風的近親。「喔，」瑪莎說，「那是我父親。」他告訴我，他們以前住在鄉下，是他教瑪莎開車的。我說在我看來，他似乎當過砌磚師傅。「他是建築工人，」瑪莎驚呼，「我們的房子就是

他蓋的。」

我告訴她，她的祖母也和她父親及狗狗在一起。我還看出瑪莎的身邊有其他動物。

「是的，沒錯，」她說，「我很幸運。我已經脫離困境，而且還結了婚。」

「你的其中一隻狗叫泰迪？」我問。她說對。我告訴她，我看見另一隻黑白的小狗，她說那是愛咪。我告訴她，哈維老是進出泰迪的身體。她興奮地表示，那就說得通了。哈維以前常做的事情之一，就是繞著她跑。除了泰迪以外，其他的狗從沒這麼做過。她說她一直覺得那是哈維，但她不知道狗會投胎轉世。我向她保證牠們會，而她的狗確實已經回來了。

「牠現在滾來滾去，跑到別處又跑回來。」我說，「你父親告訴我，那隻黑白的小狗是你小時候養的，牠叫個不停，而且活到很老。」

「說的一點都沒錯！」瑪莎說，「我們以爲牠永遠不會死！」

這時，瑪莎變得好開心，但她父親有更多訊息想要傳達。當他說，他想祝她生日快樂時，瑪莎完全安靜了下來。「今天是我的生日，」過了一會兒，她說，「這個解讀是我先生送給我的生日禮物。不可能有比今天更棒的生日了！」

她哭了起來，但還有後續。「你父親身旁有個女人，」我說，「我認爲那是他妹妹。她死於癌症，而且非常霸道。」

「喔，我的天啊！」瑪莎驚呼，「那是艾索阿姨。」

「她身邊有九隻貓。」我說。

瑪莎笑了。「那個女人非常愛貓！」

「你跟我很像，」艾索阿姨告訴瑪莎，「你自己也是霸氣十足！」

此時，瑪莎放聲大笑。「謝謝你，謝謝你，桑妮亞，」她說，「你總算讓我放下了心中大石。這些痛苦我已經忍受了好久好久。」

對我而言，有能力向人們保證他們的寵物和摯愛的親友在靈界過得快快樂樂、平靜滿足，總是令我感到意義非凡。

故事53

狗

靈體的團圓——想念天堂夥伴的泰特

美樂蒂打電話來，因爲她最近剛失去心愛的寵物。一位聽過我電台節目的朋友，建議她和我預約時段。儘管美樂蒂不太熟悉我的工作，但她沒有持懷疑態度，也完全接受對動物及人類而言，身體只是永生的階段之一這種想法。

我眼前有幾張美樂蒂寄來的照片，裡面有露娜，一隻漂亮的羅威納；蘇菲，一隻小㹴犬——牠們都已經過世了；還有一隻名爲泰特的德國牧羊犬，牠仍在自己的身體裡面。蘇菲是兩年前過世的，露娜離世則是最近的事。我可以感覺到泰特和美樂蒂都因爲露娜的離去而深深地哀傷。

「露娜很仰慕我，」泰特告訴我，「我一直很照顧牠，我非常想念牠。」

「沒錯，」美樂蒂說，「從我們養露娜的那一刻起，泰特便開始照顧她。現在，牠難過到沒辦法好好吃飯。」

我知道動物在哀傷時往往會失去胃口，就像人類一樣，因此，我建議美樂蒂給泰特一些雞肉。還說泰特告訴我，牠也喜歡起司，但牠不想吃狗食。「只要給泰特牠喜歡的東西，就有可能誘惑牠，所以現在先別擔心狗食。等牠開始恢復食欲，你再把狗食加回去。但狗往往會被雞肉、火雞、起司或地瓜之類的東西給打動。這些都是很好的食物，所以，你現在眞的不必這麼擔心狗食。」

接著，泰特開始告訴我，牠很友善，喜歡與人類和其他狗狗相處。因此，我建議美樂蒂開車載牠出去兜風，讓牠離開充滿回憶的房子，並改變牠的日常慣例。

「這樣對牠好，對你也好，」我說，「出去散散心，跟別人相處。還有，你帶牠去散步時，請走不同的路線，不要走那條你們總是跟著露娜走的路線。去一個截然不同的環境，牠就不會想起露娜走在牠身邊的事了。」

美樂蒂認爲這是一個好主意，因爲她說，「每次我們到以前常和露娜去的地方散步時，我都會觸景傷情，而且我可以感覺到泰特的哀傷。」

最後，我請她別洗任何露娜以前常玩的毯子或玩具，因爲動物的主要感官是嗅覺，能在那些玩具和毯子上認出牠的味道，對泰特而言是一大安慰。有時動物同伴過世了，仍在我們身邊的動物會去朋友以前常去的地點，這麼做會讓牠們覺得對方的靈體仍在身邊，並帶給牠們些許安慰。

「我有注意到牠會這麼做，」美樂蒂告訴我，「但我不太明白為什麼。謝謝你向我解釋。我可能已經開始洗那些東西了，現在我知道不能這麼做。」

這時，我看見靈界有一位紳士抱著小狗過來，他告訴我，他死於心臟病發作。

「喔，那是我父親。」美樂蒂說。

「嗯，」我告訴她，「他把蘇菲抱在懷裡，露娜也在他身邊。我還看到一隻黑色的拉布拉多在他腳邊跑來跑去。」

「喔，那隻拉拉是我小時候的狗。」美樂蒂說，「我所有的愛狗知識都是牠教的。」

我向她保證，他們都在一起，她父親正把自己的愛傳送給她。知道他們並不孤單，讓美樂蒂感覺好多了，而她對我能與她父親取得聯繫也深感訝異。於是我解釋，我們都會在靈界團圓，我們的親人經常過來是因為他們想與我們交談，並讓我們知道我們的動物和他們在一起。

我一邊解釋，一邊感覺美樂蒂的父親生前並不是一個好相處的人。他讓我知道他以前脾氣不好，他發現自己很難表達愛意，而且從沒眞正對美樂蒂說過他愛她。我把我的感覺告訴美樂蒂，她立刻證實我所言不虛。「我從不記得他有說過我愛你。」她告訴我。

「嗯，他現在正在告訴你，」我說，「他希望你和你母親知道，你們對他有多麼重要。他希望你告訴你母親，他很抱歉，因爲他不認爲自己是個很好的丈夫。」

「沒錯，他不是一直都很好，」美樂蒂說，「但有些時候他還不賴。」

「嗯，」我說，「他眞的很想讓你知道他有多麼後悔，他想請求你的諒解。」

「桑妮亞，」美樂蒂立刻斬釘截鐵地回答，「你告訴他，沒什麼好原諒的。」之後，他繼續告訴我，他女兒是個多棒的駕駛。美樂蒂笑著說，「當然了，因爲是他教的啊！」

「嗯，」我說，「他想讓你知道，他不介意搭你開的車。」

「你知道嗎？桑妮亞，」她說，「我開車時，經常覺得他就在身邊。」而我向她保證，當她有這種感覺時，正是因爲他就坐在她的旁邊。

最後，露娜也開始說話，牠說牠是被救回來的狗，自從與美樂蒂一起生活，牠就一直很快樂。牠還告訴我，泰特一直很照顧牠，牠母親也經常唱歌給牠聽。「那是一首很美的歌，」牠說，「但她永遠都唱同一首。」

「對，」美樂蒂笑著說，「我每次都唱〈奇異恩典〉給牠聽。」

露娜還告訴我，牠年紀輕輕就過世了，死因與水有關。這時，美樂蒂又哭了起來，她告訴我，露娜在高溫酷暑下跑了一會兒，結果過熱又脫水，雖然美樂蒂趕緊送牠去獸醫那兒，卻已經回天乏術。「那是一場可怕的意外。」她說。

當然，正如我對所有客戶解釋的，意外並不存在。當我們的時間到了，沒有人能做任何事情來改變命運，這適用於人類，也適用於動物。

此時，泰特跳進來告訴我，牠可以感覺到露娜在牠身邊，即使牠看不見露娜。我告訴牠，因爲牠現在是能量體，我解釋了當我們都離開身體之後會發生什麼事情。我還告訴牠，我們離開身體時，會去一個叫做「家」的地方，這個特別的地方是在不同地點的另一個家。我可以意識到泰特了解我說的每一個字。牠告訴我，牠有時會看見美樂蒂的父親，牠還看見蘇菲睡在牠母親的床上。不過，牠說，雖然牠知道露娜就在身邊，牠還是很想露娜。我再次向牠保證，雖然露娜看起來不太一樣，但牠的確還在那兒。一旦牠也成了能量體，正如我們在某個時間點都會變成的那樣，牠就會和露娜及所有牠在身邊看到和感覺到的其他人類與動物的靈體團聚。

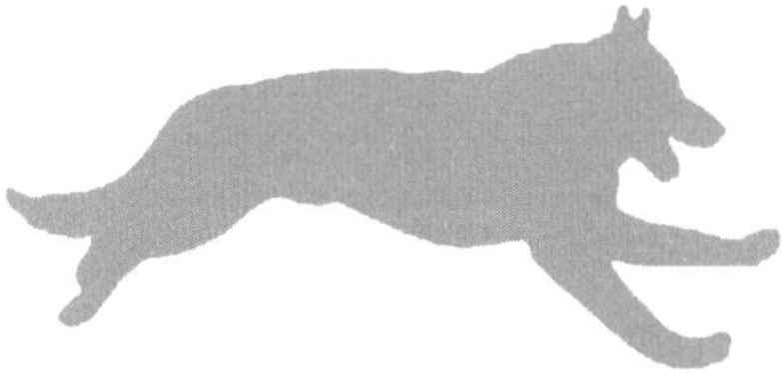

故事54

狗

重回母親的懷抱——平靜的蕾貝嘉

譚雅是一位可愛又善良的女士，她因爲許多原因而找我做過電話解讀。這一次，我看得出來她的兩隻獵犬之一蕾貝嘉，已經去了靈界。當譚雅和我開始交談時，我看到一個女人的靈體朝我走來。我感覺她死於癌症，我還看到蕾貝嘉和她在一起。

「譚雅，」我說，「我在另一邊看見一個女人，蕾貝嘉在她身邊。我覺得她們在仍有形體時曾經共處過。」

「喔，對，」譚雅說，「那是我母親。我要求她參與這次解讀，我知道她會過來。蕾貝嘉原本是她的狗，她過世後便由我接手。」

蕾貝嘉告訴我，牠過世前背痛得要命，眼睛又失明，但牠仍能設法找到移動的路徑。譚雅再次證實這是眞的。動物失去視力時似乎都能應付得來，因爲牠們能透過心靈感應進行溝通。因此，正如我們一直以來並未意識到的那樣，當我們觀想某樣東西時，那個畫面

會進入能量場，狗狗可以在那兒進行抓取。比方說，你可能會想：「我要帶杯咖啡去客廳，然後坐在沙發上邊看報紙邊喝咖啡。」當你這麼想時，腦海裡會浮現一個你坐在客廳沙發上喝咖啡的心理圖像。當狗狗透過心靈感應抓取它時，牠會比較容易找到去你身邊的方法。

蕾貝嘉還說，牠活到十五歲，而且牠怕水。同時間，譚雅的母親告訴我，她有多麼高興她的狗狗又回到了她身邊。

譚雅噙著淚水告訴我，有天某人沒把門關上，蕾貝嘉因此到了泳池區。「牠從沒去過那裡，」譚雅哭著說，「因爲牠眞的很怕靠近水。我甚至不知道牠是怎麼一路穿過花園的，但我在泳池裡發現了牠。我趕緊把牠拉出來，可惜爲時已晚。」

「喔，譚雅，」我說，「現在蕾貝嘉已經擺脫痛苦了。牠告訴我，這是牠選擇的離開方式，牠很平靜。我可以感覺到牠的幸福。此外，你母親告訴我，牠很快就離開了身體，她們都很高興能再次相聚。」

這時，蕾貝嘉開始告訴我，她有多麼喜歡譚雅新買的綠色洋裝。「但那件洋裝是我昨天才買的耶！」譚雅驚呼。

「嗯，親愛的，」我說，「你買衣服時，蕾貝嘉就在你身邊。牠還跟我說，你和朋友見面吃午飯時，牠和你母親也在那兒。還有，你母親很享受那趟購物之旅。在那裡，她們想做什麼就做什麼，想去哪裡就去哪裡。蕾貝嘉過世時和所有的靈魂一樣，去了另一個層次的實相。在那裡，我們無拘無束，因爲我們在自己的能量體裡。」

「喔，桑妮亞，」譚雅說，「知道蕾貝嘉和我母親在一起，我感覺好多了。我知道牠痛苦不堪，但我就是無法放手，我希望止痛藥能幫上牠的忙。但如果牠說牠很痛苦，我想藥物其實沒能發揮作用。」

「譚雅，」我說，「蕾貝嘉什麼都知道。動物有時非常聰明，牠們會靠自己處理問題。我相信蕾貝嘉就是如此。另外，你母親說，你會感覺到她們的能量在告訴你，她們現在更快樂了。我希望你能調整頻率接收那股能量。只要閉上眼睛專注一分鐘，然後告訴我你的感覺就好。」

譚雅照做，過了一會兒，她說，「桑妮亞，我覺得她們很平靜。」

故事55
狗

接手照顧你的毛小孩——將去會見老朋友的珊迪

有時，如果我們事先知道動物生前認識的某個人會接手照顧牠，我們會比較容易放手。

莫琳從北愛爾蘭的住處打電話給我。她有兩隻名叫萊西和珊迪的狗，我去都柏林宣傳第一本書時，她在電視上看到我。現在她之所以來電，是因爲珊迪十八歲了，又病得很重，莫琳不知道該不該讓牠安樂死。她要我和珊迪說話，而當我調整頻率接收訊息時，我看到一位紳士的靈體，告訴我，他死於中風。

「那是我先生法蘭克，」莫琳說，「他三年前過世的。我要求他過來，我知道他會來的。拜託你叫他別再亂搞我的電了。電燈和電器一直自動開開關關，他過世前從來沒有發生過這種情形。我全都檢查過了，接線沒什麼問題。請你告訴他，我知道他還在身邊，所以他眞的不必在大半夜裡打開電視。事實上，我受夠了！」

莫琳告訴我這些事情時，我聽見法蘭克在靈界大笑。我解釋說，由於靈體是純粹的能量，他們要做這種事情很容易。莫琳說，好是好，但他仍像在世時那樣惹毛她。「所以，請告訴他，雖然我一直和他說話，但如果他不停止，我就不會再和他說半句話了。」她說話時帶著溫和的幽默，看得出來她與法蘭克必然有段互開玩笑又充滿愛意的關係。這對夫妻似乎都有很強大的幽默感。

做完那個小交換後，莫琳要我問珊迪是否已經準備離開。我看得出牠的後腿有關節炎、呼吸困難，而且大小便失禁，這令牠十分沮喪。莫琳認爲她的狗在受苦，就算獸醫開了止痛藥，莫琳仍不願讓牠承受痛苦。我說，珊迪的確在受苦。止痛藥再也發揮不了作用，牠的身體疲憊不堪，讓牠走是比較仁慈的做法。

「請你告訴牠，我了解，」莫琳說，「我已經七十八歲了。叫牠不必爲了我而硬撐。我允許牠離開，問牠需不需要我幫忙。我疼牠疼了這麼久，萊西也會很想念她，但請告訴牠，我們兩個不會有事。牠過去之後會見到牠爸爸。只要問他會不會像我一樣好好照顧牠就好。」法蘭克理所當然地說他會。

當我調整頻率接收珊迪的訊息時，我感覺牠已經準備好了。牠告訴我，牠有最疼愛牠的家人，牠要我謝謝牠的爸媽。牠還想把愛獻給萊西，萊西一直是牠多年來的忠實夥伴。

我知道萊西已經開始哀傷了，因爲牠知道珊迪的時候到了。

「別擔心，」珊迪說，「我會再來看你。我們以後還是會在一起。」

接著，莫琳告訴我，她會請獸醫來家裡協助珊迪離開身體。

我告訴珊迪，牠會去一個美麗又充滿靈性的地方，那裡只有愛而已。我說，牠爸爸會接牠過去，牠會和他一起待在靈界。我感覺牠如釋重負。我也知道，莫琳和萊西非常難過。但莫琳說，「我們會一起照顧彼此。我們年紀都大了，也比以往的任何時候更需要對方。請告訴萊西，當牠必須離開時，我希望牠能回到靈界。牠不必擔心我。牠已經得到我的允許了。」

我發現，會想告訴動物這點的人不多，但這麼做確實能協助牠們放手，而不是爲了我們而試著硬撐。

「請你告訴法蘭克，」她說，「他在那邊最好能像以前在這兒一樣，好好地照顧珊迪。」

「叫她別擔心，」法蘭克說，「我說到做到。你叫她在那裡多待一會兒，因爲我還沒準備要讓她過來。」

「沒問題，」莫琳說，「短時間內，我還沒有離開這裡的打算。」

儘管對每個人而言，這都是非常悲傷的時刻，但我知道莫琳的幽默感會協助她度過難關。而且雖然法蘭克一直戲弄她，但我知道他們在那邊一樣會有充滿熱情又彼此鬥嘴的關係，正如他們在地球上一樣。

在我們結束通話前，莫琳說，「謝謝你的幫忙。我也很高興能和法蘭克說到話，但我不會告訴他這點的。」

我說，「嗯，別擔心，親愛的，反正他都聽得到！」

【結語】

沒有死亡，沒有分離，愛會療癒一切

我知道，不是每個故事都能引起各位讀者同樣的共鳴，但我希望你們都能明確地理解，你深愛卻失去的毛小孩從來不曾消逝。牠們的靈魂仍存在於靈界，而由於牠們無須再承受重擔或受限於肉體，因此無論你身在何方，牠們都能與你長相左右。

如果牠們死於疾病或衰老，牠們已經不再有痛苦。如果你認為牠們「英年早逝」，牠們也不會感到生氣或怨恨。所有動物在地球上時，都比我們人類寬容得多。當牠們成為靈體時，牠們全都快樂而平靜，無論死因為何。

牠們希望你能知道這一點，因為牠們希望你能快樂。有些動物會在你的有生之年投胎轉世，有些則否，但無論如何，牠們都希望你能繼續前進。不是忘了牠們，而是把你的愛送給另一隻動物，因爲永遠都有足夠的愛可以流動。

謝辭

我要對所有參與這本書並促成此書出版的人，表達我的感激。

謝謝我的文學經紀人南西．約斯特（Nancy Yost），因爲她始終相信我。

謝謝茱蒂．柯恩（Judy Kern），她爲這份手稿的圓滿結局帶來了貢獻。

謝謝我在柏克萊的編輯丹妮絲．席維斯特洛（Denise Silvestro），她給了我初期的支持和後續的指導。

謝謝我忠實的宣傳人員——《大聲製作》的布洛娜．韓莉（Brona Hanley）。

謝謝我女兒艾瑪（Emma）的貼心支持，以及她爲我擔任私人助理時的辛勤付出，並且給了我超棒的外孫女和外孫——愛蜜莉（Emily）和彼得（Peter）。

謝謝我兒子尚恩（Sean）和派崔克（Patrick）跟我的獨特關係，也感謝他們因爲非常關心動物的待遇，而成了嚴格的素食主義者。

謝謝我的指導靈湯普森醫師（Dr. Thompson）、愛德加·凱西（Edgar Cayce）和哈利·愛德華茲（Harry Edwards），以及我的精神導師聖方濟（Saint Francis）。

謝謝我所有的客戶和他們穿了毛外套的孩子們，是他們使這本書成爲可能。

謝謝許多庇護中心和救援組織，他們拯救動物，並永遠改變了牠們的生活，這些單位包括：

最好的朋友動物庇護中心（www.bestfriends.org）

休士頓ＢＡＲＣ基金會（www.houstonbarcfoundation.org）

蒙哥馬利郡動物收容所（www.mcaspets.org）

北海岸動物聯盟（www.animalleague.org）

寵物不死動物庇護中心（www.petsalive.com）

特別夥伴動物領養中心（www.specialpalshouston.org）

世界野生動物基金會（www.worldwildlife.org）

【索引】

回覆你對毛小孩最牽掛的16個問題

1：我的寵物現在在哪兒？

2：我的寵物快樂嗎？

⑩：這種事，爲什麼會發生在我的寵物身上？

國家圖書館出版品預行編目（CIP）資料

天堂沒有不快樂的毛小孩：55 個真人實事，回覆你最牽掛的 16 個問題 / 桑妮亞．費茲派崔克（Sonya Fitzpatrick）著；詹采妮譯．-- 二版．-- 臺北市：橡實文化出版：大雁文化發行，2022.12
面；　公分
譯自：There are no sad dogs in heaven : finding comfort after the loss of a pet
ISBN 978-626-7085-50-9（平裝）

1.CST：生死學　2.CST：寵物飼養

197　　111016341

BC1033R

天堂沒有不快樂的毛小孩：
55 個真人實事，回覆你最牽掛的 16 個問題

There Are No Sad Dogs in Heaven: Finding Comfort After the Loss of a Pet

作　　者　桑妮亞．費茲派崔克（Sonya Fitzpatrick）
譯　　者　詹采妮
責任編輯　田哲榮
協力編輯　劉芸蓁
封面設計　朱陳毅
內頁構成　歐陽碧智
校　　對　蔡昊恩

發 行 人　蘇拾平
總 編 輯　于芝峰
副總編輯　田哲榮
業務發行　王綬晨、邱紹溢、劉文雄
行銷企劃　陳詩婷
出　　版　橡實文化 ACORN Publishing
　　　　　地址：新北市 231030 新店區北新路三段 207-3 號 5 樓
　　　　　電話：（02）8913-1005　傳真：（02）8913-1056
　　　　　E-mail 信箱：acorn@andbooks.com.tw
　　　　　網址：www.acornbooks.com.tw
發　　行　大雁出版基地
　　　　　地址：新北市 231030 新店區北新路三段 207-3 號 5 樓
　　　　　電話：（02）8913-1005　傳真：（02）8913-1056
　　　　　讀者服務信箱：andbooks@andbooks.com.tw
　　　　　劃撥帳號：19983379　戶名：大雁文化事業股份有限公司

印　　刷　中原造像股份有限公司
二版一刷　2022 年 12 月
二版三刷　2024 年 6 月
定　　價　380 元
I S B N　978-626-7085-50-9

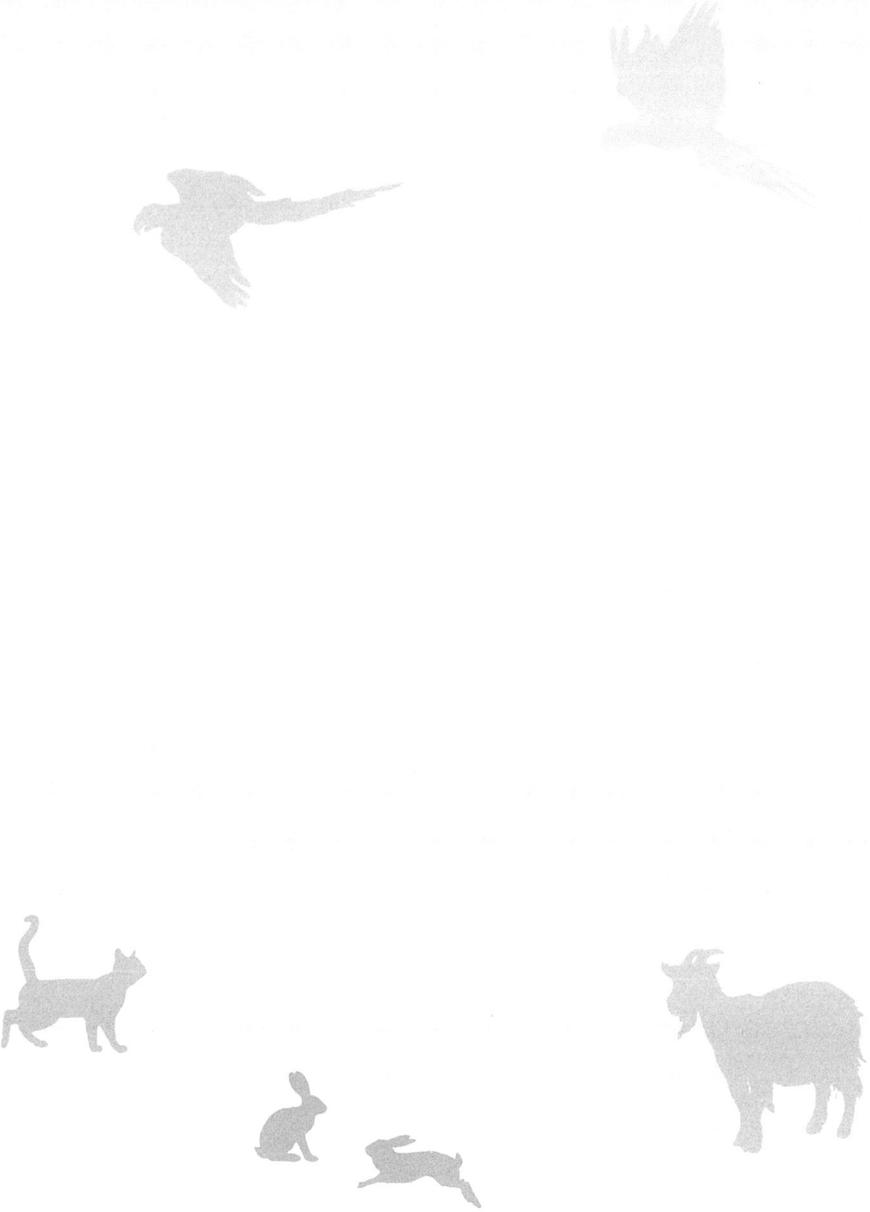